미중
화폐전쟁

달러 패권 100년 사이클과
위안화의 도전

A CURRENCY
WAR

미중
화폐전쟁

조경엽 지음

미래의창

시진핑의 중국몽,
위안화는 달러를 대체할 수 있을까

미국과 중국은 곳곳에서 서로 파열음을 내고 맞짱을 뜨기 일쑤다. 돌아올 수 없는 강을 건너 버린 지 오래다. 미국 내 공화당이나 민주당 할 것 없이, 보수와 진보 양쪽에서, 정부와 민간에서, 중국에 대한 반감은 정점으로 치닫고 있다. 정치·외교·안보와 경제 관계는 따로 돌아가지만 시진핑 3기와 트럼프 2기 시대가 맞부딪치는 글로벌 양강 구도 속에서 외교와 경제는 한데 얽혀 갈등이 증폭되고 있다. 두 나라는 상호 협력에서 불신으로, 파트너에서 라이벌을 넘어서 '가상의 적'으로 규정하고 상대를 무너뜨리거나 발목을 잡을 정책과 전략을 펼치고 있다. 양국은 앞으로도 때로는 겉으로 확연히 드러나게, 때로는 물밑에서 치열한 싸움을 이어갈 것이다.

중국의 미래 전략, 위안화

미중 대결의 최종 승부는 실물 경제를 넘어, 결국 금융 패권에서 결정될 것이다. 이 대결의 중심에는 위안화를 앞세운 중국의 전략이 자리잡고 있다. 중국은 위안화 국제화를 단순한 환율 정책이나 무역 수단으로 보지 않는다. 이는 국가의 미래를 걸고 치밀하게 설계된 중장기 계획이다.

중국의 금융 패권 전략은 두 단계로 나뉜다. 1단계는 2027년까지 위안화를 아시아 지역 통화로 자리매김시키는 것이고, 2단계는 2049년까지 미국 달러에 버금가는 세계 기축통화의 위상을 확보하는 것이다. 2049년은 단순한 숫자가 아니다. 바로 중국 공산당이 치열한 내전에서 승리해 신중국을 세운 지 100년이 되는 해이자, 시진핑 주석이 제시한 '중국몽'이 완성되는 그야말로 역사적인 시점이다. 위안화를 기축통화로 삼겠다는 의지는 단순한 경제전략을 넘어, 국가적 꿈과 맞닿아 있다.

중국의 전략은 매우 신중하다. 위안화 국제화가 공식화된 것은 2009년이며, 2021년 14차 5개년 계획에서는 '신중하고 안정적으로 추진', 2022년 20차 당대회에서는 '질서 있게 추진'이라는 표현으로 조심스럽게 진화했다. 초기엔 일부 주변국 외환보유액으로 위안화를 포함시키고, 이후 아시아에서 보편적 통화로 자리잡은 다음, 장기적으로는 기축통화 역할까지 바라보는 로드맵이다.

현재 세계 경제와 금융을 지배하는 기축통화는 미국 달러다. 그 위력은 여전히 난공불락이다. 하지만 달러 역시 처음부터 그 자리에 있었던 건 아니다. 영국 파운드에서 패권을 넘겨받았고, 그 이전엔 네덜란드의 길더화가 지배적이었다. 지난 100년 동안 달러가 걸어온 길을 살펴보면, 위안화가 어떤 과정을 거쳐야 기축통화가 될 수 있을지 그 힌트를 얻을 수 있다. 달러는 중국에게 가장 정확한 롤모델이다. 중국은 미국이 달러를 중심으로 쌓아올린 국제금융체제를 거의 그대로 따라 하면서 위안화 체제를 구축해왔다.

위안화 국제화 전략은 두 갈래로 진행됐다.

첫째, 각국과 일대일로 협약을 체결하거나 통화스와프 계약을 맺고, 런던 같은 금융허브에 위안화 직거래시장을 개설했다. 스와프는 주로 신흥국 중심, 직거래시장은 선진 금융시장 중심으로 확장됐다. 둘째, 중국은 여러 나라와 함께 새로운 국제금융기구를 설립하거나 대체 결제망을 구축했다. 중국 주도의 아시아인프라투자은행AIIB에는 유럽 주요국도 참여했고, 전 세계 은행이 사용하는 국제은행간통신협회SWIFT에 맞서 국경간결제망CIPS을 개설했다. 비자와 마스터카드가 지배하는 글로벌 카드 네트워크를 대체하기 위해 유니온페이도 내세우고 있다.

이런 가운데 중국은 기존 체제도 적극 수용하고 활용한다. 세계은행과 IMF 체제를 인정하고, 그 안에서 활발히 활동하면서 발언권을 높이고 있다. 위안화는 IMF의 특별인출권SDR에 포함되었고, CIPS도 SWIFT와 연동되어 운용된다. 디지털 위안화를 이용한 다국간 결제 프로젝트인 '엠브릿지m-Bridge'는 처음부터 국제결제은행BIS과 협력해 기술과 제도 표준화를 함께 진행했다. 중국은 마치 《손자병법》을 현실에 적용하듯, 초기에는 조심스럽게 체제 안으로 들어가 입지를 다진 뒤 점차 독자적 체제를 구축해왔다. 겉으로는 협업과 공조인 것 같지만, 실상은 치밀하게 주도권을 확보하기 위한 '오월동주' 전략이다. 이는 미국이 주도하는 WTO에 가입해 결국은 세계화의 수혜를 오롯이 누린 그간의 중국 전략과 일맥상통한다.

위안화는 미약하지만 양강구도는 강력하다

위안화가 달러를 넘어서는 것은 지극히 가능성이 낮고 아주 오랜 시간이 걸리겠지만 양강구도는 강력하고 가시적일 것이다. 이를 정확하게 인지하고 있는 중국은 우선 아시아권의 주도적인 통화 지위를 노린다. 여기서 더 나아가 브릭스라는 새로운 경제블록에서 주요 통화로 자리매김하고자 한다.

중국은 달러 체제로 돌아가는 글로벌 경제 속에서 위안화의 한계를 뼈저리게 느끼고 있다. 아시아 외환위기 때 한 나라의 외화 유동성이 고갈되면 얼마나 허무하게 미국과 서구 열강에 휘둘리는지 똑똑하게 지켜봤다. IMF를 앞세운 미국은 한국, 태국, 인도네시아에 가혹한 구조조정과 금융시장 개방을 강요했고, 이는 '경제 식민통치'에 가까웠다. 그러한 상황에 빠져들면 회복하지 못할 정도로 결정적인 타격을 입을 수 있다는 위기감이 중국 정책의 배경에 짙게 깔려 있다.

2016년 위안화가 SDR에 편입됐을 때도 중국은 홀대를 받았다. 처음 편입 당시 위안화의 비중은 10.95%로, 달러(41.73%)와 유로(30.93%)에 크게 못 미쳤다. 2022년엔 12.28%로 증가했지만, 중국의 경제력에 비하면 낮은 수치다. 더구나 2019년 페이스북이 주도한 디지털 화폐 '리브라' 프로젝트에서도 위안화는 통화바스켓에서 제외되었다. 미국 달러와 유로화, 영국 파운드, 일본 엔화, 심지어 싱가포르 달러까지 포함되었지만 위안화는 빠진 것이다. 당시 미중 긴장이 고조된 상태이긴 했지만, 중국으로서는 받아들이기 힘든, 수모에 가까운 일이었다.

중국의 위안화 국제화 구상에 가속도가 붙은 것은 우크라이나 전쟁이 발발하고 서방이 러시아를 상대로 금융제재를 발동한 이후였다. 미국과 서방 선진국들은 러시아 은행들을 SWIFT 결제망에서 배제했고, 러시아 중앙은행이 해외 계좌에 예치한 외환보유액을 동결했다. 러시아는 물물교환을 하든지, 대체 결제망으로 우회하든지 대안을 찾아야 하는 상황에 빠졌다. 만일 중국이 이와 비슷한 처지가 된다면 어떻게 될까? 미중 간 마찰이 격화되는 와중에 중국으로서는 등골이 오싹해지는 간접 경험을 겪은 셈이다. 대만과의 분쟁으로 인한 서방의 금융제재 가능성을 늘 염두에 두고 있는 중국은 극단의 상황에 대비해 금융 시스템을 점검하는 시뮬레이션을 실행하기도 했다.

미국이 가진 금융 무기는 다양하고 강력하다. 브레튼우즈 체제 이후 닉슨 쇼크로 고정환율제인 금환본위제는 끝났지만, 변동환율제로 전환되며 오히려 달러의 힘은 더 강해졌다. 금의 족쇄에서 풀려난 달러는 일본 경제의 약화와 구 소련의 붕괴, 유럽연합 유로존의 쇠퇴 속에서 독야청청 성장과 변신을 지속해왔다. 2000년 전 세계 GDP를 살펴보면 미국과 EU가 25%선으로 비슷했으나 2025년 기준 미국은 비슷한 위치인 반면 유럽연합과 일본은 크게 추락했다. 그 틈을 중국이 채웠고, 인도와 신흥국들도 뒤를 바짝 쫓고 있다.

'세계의 공장' 중국의 공세 속에서 미국은 빅테크와 플랫폼을 주축으로 한 디지털 혁명을 이끌어왔다. 구글과 마이크로소프트, 페이스북(현 메타), 애플, 아마존 등 미국 증시에서 '매그니피슨트 7'이 엄청난 시가총액으로 증명했다. 최근에는 오픈AI의 챗GPT가 세계 인공지능 시장을 휩쓸며 다시 한 번 미국의 우위를 과시하고 있다. 점점 디지털화되는 세상에서 지구촌 전체가 마치 미국의 거대한 틀 안에 갇히는 모양새다.

미국 빅테크와 플랫폼이 침투하지 못했거나 지배하지 못하는 유일한 나라가 중국이다. 중국은 BATH(바이두, 알리바바, 텐센트, 화웨이)를 앞세운 자국 중심의 디지털 전략으로 만리장성을 쌓아 중국 내수시장을 그들의 아성으로 만들었다. 딥시크의 출현은 미국이 주도하는 AI 산업에 충격파를 주며 중국의 '도광양회' 전략을 다시 한 번 상기시키는 계기가 되었다. 인터넷과 모바일이 지배하는 새로운 세상은 중국에게 더할 나위 없는 반전의 기회를 주었다. 구체제와 기득권, 기존 산업의 방해나 걸림돌이 없는 중국은 '건너뛰기', 즉 '리프프로깅' 방식으로 밀어붙였다. 그 결실이 BATH를 비롯한 빅테크와 이커머스, 인공지능, 드론, 로봇, 전기차, 2차전지, 바이오 등이다. '제조 2025' 전략과 맞물려 중국이 미국에 이어 글로벌 2위로 치고 올라간 배경이다. 중국의 중앙집권 체제는 이런 고속 성장을 가능케 한 중요한 구조다. 중앙이 전략을 세우고, 지방과 국유기업, 국유은행 등 금융기관이 이를 실행한다. 중국 특유의 정책 일관성과 지속성, 자원의 집중이 장점으로 작용했다.

앞을 알 수 없는 달러의 미래

미중 간 패권 대결의 최종 승부는 예측하기 어렵다. 위안화가 한 세대 안에 달러를 대체하긴 어렵다는 데는 대체로 공감대가 있다. 하지만 중국은 '100년의 마라톤', '롱게임'을 염두에 두고 인내심 있게 나아가고 있다. 만약 미국이 무리한 정책으로 자멸하거나, 동맹국들과의 신뢰를 잃는다면, 달러 패권은 누구도 예상 못한 방식으로 붕괴할 수도 있다. 최근 들어, '위대한 미국을 만든다'며 무리수를 두는 트럼프 대통령의 광폭 횡보로 인해 달러지수가 100 이하로 내려앉아 2025년 연초 이후 8% 넘게 하락했는데, 이는 40년 만에 보이는 최악의 기록이다. 달러 대신 금이나 다른 통화로 눈을 돌리는 투자의 흐름도 감지되며, 달러의 미래에 대한 회의적인 시각도 생기고 있다. 물론 당장에 달러의 가치가 폭락하고 이로 인해 달러 패권이 허무하게 무너지지는 않을 테지만, 그 가능성에 대해

생각한다는 것 자체가 달러의 달라진 위상을 보여준다.

　이 책은 위안화 패권이 장기적으로 실현 가능하다는 가정을 전제를 하고 있다는 점을 밝혀둔다. 위안화가 달러 패권에 맞서 적어도 기축통화 양강 체제를 형성할 가능성을 말한다. 역사를 되돌아보면 패권의 교체는 대부분 비극적인 전쟁이나 대재앙을 동반해 이루어졌다. 달러 패권의 이동이든, 다중 통화 패권 체제로의 전환이든, 그것이 무력이나 전쟁이 아닌 경제적 역량에 바탕을 두고 세계인의 자발적인 선택에 의해 이루어져야 할 것이다.

　현재 미중 간의 경쟁은 보이는 듯, 보이지 않는 듯 경제력과 금융을 중심으로 한 치열한 전쟁 양상을 띠고 있다. 이는 총칼이 아닌 통화와 자본을 무기로 삼는 싸움이다. 쉽게 끝나지 않을 것이며, 어쩌면 10년이 아니라 50년, 한 세기에 걸친 긴 싸움이 될지도 모른다. 금융의 시선으로 보면, 미중 대결은 신냉전이 아니라 이미 한창 진행 중인 '열전熱戰'이다. 이제 조금씩 그 속으로 들어가보자.

차례

1부

코앞까지 온 위안화의 현실

1장 디지털 선점 전략

2장   세계로 나가는 위안화

3장   달러 패권을 따라 하는 위안화 전략

위안화 영토 넓히기

3부

미국의 압박 vs. 중국의 도전

6장 미국의 견제와 봉쇄전략

7장 중국의 지구전

1부

코앞까지 온
위안화의 현실

1장

디지털
선점 전략

디지털 위안화로
앞서간다

중국으로 여행이나 출장을 갈 때 우리는 원화를 위안화로 환전한다. 국제 신용카드가 널리 사용되고 있지만, 여전히 현금이 필요한 상황은 많기 때문이다. 중국 화폐를 받아들면 가장 먼저 눈에 띄는 특징이 있다. 바로 1위안부터 100위안까지 모든 지폐에 마오쩌둥 전 주석의 초상화가 그려져 있다는 점이다. 권종별로 배경 이미지만 달라질 뿐, 모두 마오쩌둥의 얼굴이다.

　　중국이 야심차게 추진하고 있는 디지털 위안화e-CNY는 종이 화폐를 그대로 모바일 환경으로 옮겨 놓은 것이다. 중국어로는 '숫자 인민폐数字人民币'(중국어로 '숫자'는 '디지털'을 의미한다 - 편집자 주)라고 불리며, 실생활에서 사용되는 법정화폐와 동일한 가치를 지닌다. 사

디지털 위안화는 전 세계에서 최초로 본격적으로 실용화된 중앙은행 디지털 화폐다. 이러한 변화는 단순한 기술 혁신을 넘어 금융 생태계의 근본적인 변화를 의미한다.

용자는 스마트폰 앱을 열어 QR코드를 스캔하거나 기기를 접촉하는 것만으로 손쉽게 결제할 수 있다.

디지털 위안화는 전 세계에서 최초로 본격적으로 실용화된 중앙은행 디지털 화폐CBDC다. 실물 현금 사용이 급격히 감소하고 암호화폐가 부상하는 디지털 시대에 맞춰, 중국은 '종이 없는 화폐'와 '현금 없는 사회'로의 전환을 선도하고 있다. 이는 단순한 기술 혁신을 넘어 금융 생태계의 근본적인 변화를 의미한다.

디지털 혁명은 우리 삶을 근본적으로 변화시켰다. 스마트폰과 SNS의 등장으로 지구 반대편의 소식이 실시간으로 전해지고, 전 세계가 하나로 연결되는 초연결 시대가 열렸다. 과거 '실시간'이라는 개념이 특별한 마케팅 포인트였다면, 지금은 24시간 끊김 없는 연결이 당연한 일상이 되었다. 정보는 선진국과 개발도상국, 대륙과 지역을 가리지 않고 국경 없이 자유롭게 흐른다.

이러한 디지털 혁명을 가장 효과적으로 활용해 고속 성장을 이룬 나라가 바로 중국이다. 특히 금융 분야에서 중국은 신용카드 시대를 건너뛰고 바로 모바일 결제로 진입하는 '리프프로깅Leap-frog-ging' 전략을 성공적으로 구사했다. 전통적인 금융 시스템이 견고하게 자리 잡은 서구 선진국들이 디지털 전환에 어려움을 겪는 동안, 중국은 오히려 기존 체제의 부재를 기회로 삼아 혁신적인 금융 서비스를 빠르게 보급했다.

디지털 위안화 실험은 앞서 모바일 간편결제 분야에서 쌓은 경험에 기반한다. 미국, 유럽, 일본 등 선진국에서는 쇼핑과 교통 등 생활 전반에 신용카드 인프라가 깊이 뿌리내린 반면, 중국은 알리페이와 위챗페이로 대표되는 QR코드 기반 간편결제가 일상화됐다. 이러한 디지털 결제 문화는 디지털 위안화 도입의 토대가 됐다.

중국 정부는 장기적인 전략을 바탕으로 디지털 위안화의 실용화를 단계적으로 추진해왔다. 주요 도시들을 시범지역으로 선정하고, 2022년 베이징 동계올림픽을 통해 글로벌 무대에 선보였지만 코로나19 팬데믹으로 인해 완전한 성과를 거두지는 못했다. 그럼에도 불구하고 2025년 2월 현재 중국 15개 성 23개 지역에서 전체 인구 대비 18%에 달하는 2억 6,000만 명의 사용자와 500만 개

연도별 디지털 위안화 가맹점 수와 사용자 수

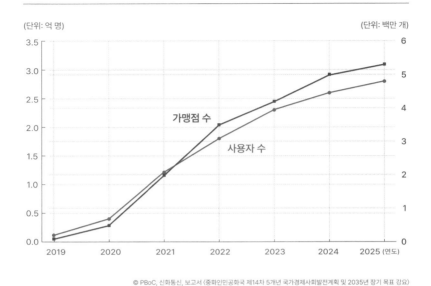

(단위: 억 명)   (단위: 백만 개)

가맹점 수

사용자 수

© PBoC, 신화통신, 보고서 〈중화인민공화국 제14차 5개년 국가경제사회발전계획 및 2035년 장기 목표 강요〉

디지털 위안화는 2019년 중국인민은행이 개발을 완료하고, 내부 시범 테스트에 착수했다. 2025년은 중국 정부가 디지털 화폐 인프라 정착 목표 연도로 자주 언급한 시점이다.

의 가맹점이 디지털 위안화를 활용하고 있다.

중앙은행 주도의 강점과 한계

탈중앙화를 기본으로 하는 블록체인 기반 암호화폐와 달리 디지털 위안화는 중앙집중식 구조를 채택하고 있다. 중앙은행인 중국인민은행이 정책과 제도를 주도하고, 국유은행과 상업은행이 위탁을 받아 고객에게 발행한다. 디지털 위안화 시스템은 인증센터, 등록센터, 데이터센터로 구성되어 사용자 정보 관리, 화폐 발행 및 폐기 과정, 자금세탁 방지와 데이터 분석 등의 기능을 담당한다. 모든 운영은 중국인민은행의 중앙관리 체제하에 이루어진다.

사용자는 등록 수준을 1~5등급까지 선택할 수 있으며, 실명 또는 비실명 계좌, 잔액 한도 등을 자유롭게 설정할 수 있다. 스마트폰을 접촉하는 것만으로도 결제가 가능하며, 은행 계좌 연결 여부도 사용자가 결정할 수 있다.

디지털 위안화의 가장 큰 쟁점은 프라이버시 문제다. 컴퓨터 프로그램을 통해 발행되는 디지털 화폐는 모든 거래 내역과 보유액을 실시간으로 모니터링할 수 있어 개인정보 침해 우려가 제기된다. 그러나 중국 사회는 이미 안면인식 기술 등 다양한 디지털 감시 시스템에 익숙해져 있어, 이러한 우려가 디지털 위안화 확산의 큰 장애물이 되지는 않을 것으로 보인다.

반면, 디지털 위안화는 코드로 조건을 설정할 수 있는 '프로그래머블 머니Programmable Money'로서 다양한 가능성을 품고 있다는 것이 장점이다. 중앙은행이 통화정책을 실시할 때 모든 가입자에게 직접 적용할 수 있어 정책 효과가 극대화된다. 예를 들어, 2008년 글로벌 금융위기 당시 여러 나라가 마이너스 금리 정책을 도입했지만 일반 시민들에게 직접 적용하기 어려웠다. 프로그래머블 머니가 보편화된다면 모든 계좌 소유자에게 마이너스 금리를 즉각 적용해 은행에 예치된 돈을 소비나 투자로 유도하는 것이 더 쉬워질 것이다. 또한 경기 부양을 위해 종종 사용되지만 결과가 불투명한 양적완화에 의지하기보다는 보조금을 직접 지급하거나 특정 계층에 선별적인 혜택을 주는 등의 훨씬 효율적인 정책 집행이 가능해진다.

프로그래머블 머니의 특성과 더불어 디지털 위안화는 금융 포용성을 높이는 데 도움이 된다. 은행 계좌가 없거나 신용도가 낮아 금융 서비스에서 소외되었던 사람들도 스마트폰만 있다면 쉽게 금융 시스템에 접근할 수 있다. 이를 통해 개인의 경제활동이 활성화되고 소비가 촉진되는 긍정적 효과를 기대할 수 있다.

현재 민간 기업의 결제 시스템인 알리페이와 위챗페이가 지급결제 시장을 장악하고 있는 상황에서 중국이 디지털 위안화를 어떻게 포지셔닝할지 주목된다. 일각에서는 중국 정부가 통제력을 강화하기 위해 디지털 위안화를 추진한다는 시각도 있다. 그러나 이미 정착된 QR코드 결제 방식을 완전히 대체하는 것은 사용자들의 반발을 살 수 있어, 당분간은 공존하는 형태로 발전할 가능성이 높다. 알리바바 창업자 마윈의 사례에서 보듯이 중국 당국은 마음만 먹으면 간편결제 회사들을 통제할 수 있다. 중국 시장을 상대로 결제 수단을 제공하고 있는 한 당국의 눈에서 벗어나기 힘들다. 금융업은 원래 인허가 사업이고 국가마다 정도의 차이가 있지만 정책과 감독이 정부의 중요한 역할로 되어 있다. 그래서인지 국제적으로 통용되는 CBDC Central Bank Digital Currency 대신 중국인민은행이 발행한 디지털 화폐라는 의미를 강조한 DCEP Digital Currency Electric Payment

라는 용어를 쓴다.

중국 당국은 디지털 위안화가 국내용이라고 강조해왔지만, 장기적으로는 국제 결제 시스템에도 영향을 미칠 잠재력을 갖고 있다. 홍콩에서는 이미 디지털 위안화의 국경 간 사용에 관한 실험이 진행 중이며, 이는 미국 달러 중심의 국제 금융 시스템과 SWIFT 네트워크에 대한 대안으로 발전할 가능성을 시사한다.

한국을 비롯해, 전 세계적으로 이미 100개국 이상이 중앙은행 디지털 화폐를 연구하거나 개발 중이다. 디지털 위안화의 성공 여부는 미국 달러 시스템을 우회할 수 있는 결제 인프라로 자리 잡을지 가늠하게 될 것이고, 이는 국제 금융 질서의 미래를 좌우할 중요한 지표가 될 것이다.

민간의 혁신이 몰고온
중국의 디지털 금융 혁명

알리페이Alipay와 위챗페이WeChat pay는 중국의 디지털 결제 시장을 대표하는 양대 플랫폼으로, 해당 시장의 90%를 장악하며 중국 경제의 핵심 인프라로 자리 잡았다. 현재 중국에서는 일상적인 상거래에서 간편결제를 이용하는 것이 기본으로 정착되어, 오히려 현금을 꺼내는 것이 낯설게 여겨질 정도로 디지털 결제가 압도적이다.

알리페이, 이커머스 시스템이 가져온 혁신

알리페이는 중국 전자상거래 거인 알리바바가 거래 신뢰성을 높이기 위해 도입한 에스크로escrow 서비스에서 출발했다. 에스크로 서비스는 이커머스 플랫폼에 입점한 판매자의 상품이 구매자에게 제대로 전달되고 구매가 확정될 때까지 알리바바가 대금을 일시적으로 보관하는 시스템이다. 판매자와 구매자가 직접 대면하지 않는 온라인 거래 환경에서 상호 신뢰는 절대적으로 중요하다. 제대로 된 상품 수령이 확인되기 전에 대금이 지급된다면 구매자가 피해를 볼 수 있다. 알리바바 창업자 마윈이 이커머스 생태계 활성화를 위해 도입한 이 서비스는 대성공을 거두며 이후 알리페이의 기반이 되었다.

알리바바는 이 서비스를 점차 온·오프라인 간편결제 플랫폼으로 확장해 알리페이를 본격적으로 발전시켰다. QR코드를 활용한 결제 방식은 오프라인과 온라인 모두에 혁신을 가져왔다. 2025년 기준 알리페이의 활성 사용자 수는 10억여 명으로 추정되며, 중국 내 모바일 결제 시장의 약 54%를 차지하고 있다. 현재 UAE의 두바이, 미국 워싱턴 D.C. 등을 포함해 전 세계 100여 개국에서 알리페이 결제가 가능하다.

알리페이는 단순한 결제 서비스를 넘어 종합 금융 플랫폼으로 진화했다. 초고속 결제 시스템을 기반으로 다양한 인터넷 금융 서비스를 연결하며 투자상품까지 제공하기 시작했다. 이러한 확장은 후에 앤트그룹이라는 거대 핀테크 기업의 모태가 되었으며, 알리바바 그룹은 알리페이를 중심으로 여러 금융 서비스를 개발했다. 이러한 혁신적 서비스를 바탕으로 알리바바 그룹은 2014년 9월 뉴욕증권거래소에서 250억 달러를 공모해 상장했으며, 이는 당시 역사상 최대 규모의 기업공개IPO 기록이었다.

알리바바는 IPO 이후 글로벌 시장에서 영향력을 확대하며, 클라우드 컴퓨팅(알리바바 클라우드), 디지털 미디어, 스마트 물류(차이나오) 등 다양한 분야로 사업을 확장했다. 그러나 중국 정부의 규제가 강화되면서 알리바바의 사업 구조에도 변화가 생겼다.

특히 2020년, 알리페이를 운영하는 앤트그룹의 IPO가 예정되었으나, 중국 당국의 금융 규제 강화로 인해 갑작스럽게 중단되었다. 이후 앤트그룹은 금융 당국의 감독을 받는 지주회사로 개편되었으며, 알리페이의 대출 중개 사업도 규제를 받게 되었다.

금융 당국의 개입으로 인해 대출·투자 상품 등 핀테크 서비스의 확장은 다소 제한되어 있지만, 알리페이는 중국 내 모바일 결제 시장의 절반 이상을 점유하며 강력한 영향력을 유지하고 있다.

위챗페이, 소셜 네트워크 기반의 결제 혁명

알리페이가 이커머스에서 출발했다면, 위챗페이는 중국 최대 소셜 미디어 플랫폼 위챗에서 파생된 결제 서비스라는 점에서 차별화된다. 텐센트가 운영하는 위챗은 2011년 출시 이후 메시징 앱을 넘어 종합 생활 플랫폼으로 진화했다.

위챗페이는 2013년 소셜 네트워크의 강점을 활용한 '훙바오紅包(빨간 봉투)' 서비스로 폭발적인 성장을 이루었다. 중국 전통 명절에 현금을 빨간 봉투에 담아 선물하는 문화를 디지털화한 이 서비스는

중국 민간 디지털 결제의 양대 산맥을 이루고 있는 알리페이와 위챗페이

사용자들이 친구나, 가족, 그룹채팅방에 디지털 홍바오를 보낼 수 있게 했다. 이 서비스 덕에 친구나 지인에게 송금하거나 선물을 보내는 등 상품 추천과 구매가 이뤄졌다. 자연스럽게 위챗의 소셜 네트워크 내에 결제 시스템을 도입하는 계기로 이어졌다.

위챗페이는 중국 모바일 결제 시장의 약 38%를 차지하며, 알리페이와 함께 양강 구도를 형성하고 있다. 알리페이는 금융 서비스와 해외 결제 시장에서 강점을 보이는 반면, 위챗페이는 소셜 기반 결제와 생활 밀착형 서비스에서 우위를 점하고 있다. 알리페이는 각종 공과금 납부, 대출, 보험, 투자 등 종합 금융 플랫폼으로서의 입지가 강하다면, 위챗페이는 택시, 음식 배달, 영화 예매 등 일상 생활 서비스와의 연계성이 뛰어나다.

두 플랫폼의 경쟁과 혁신은 중국의 디지털 금융 혁명을 주도하며, 현금 없는 사회로의 빠른 전환을 이끌었다. 이러한 변화는 중

알리페이와 위챗페이의 주요 특징 비교

	알리페이	위챗페이
운영 기업	앤트그룹(알리바바 계열)	텐센트
시장 점유율 (2023 기준)	약 54%	약 38%
활성 사용자	약 10억 명	약 8.5억 명
특화 영역	이커머스 및 종합 금융 서비스	소셜 네트워크 및 일상 생활 서비스
국제화 정도	100여 개국 사용 가능	약 60여 개국 사용 가능
주요 금융 서비스	위어바오, 마이뱅크, 화베이 등 종합 금융	리총바오, 웨이리뱅크 등 종합 금융과 홍바오 등 소셜 기반 금융 서비스

© Investopedia

국 정부가 추진하는 디지털 위안화와도 연계되어, 글로벌 금융 시스템에도 영향을 미치고 있다.

엠브릿지로
국경을 넘는 위안화

엠브릿지mBridge 프로젝트는 중국이 실용화 중인 디지털 위안화의 국제화를 위한 전략적 포석이다. 디지털 형태로 국가 간 결제가 이루어지는 방식을 실험하는 이 프로젝트는, 컴퓨터 기반 소프트웨어로 국경을 초월한 위안화 결제 시스템을 구축하는 것을 목표로 한다.

2021년 중국인민은행이 산하기관을 통해 시작한 이 프로젝트는 홍콩통화청HKMA의 주관 하에 진행되고 있다. 초기에는 태국과 아랍에미리트 중앙은행이 참여했으며, 2024년에는 사우디아라비아까지 합류하면서 총 5개국이 중앙은행 디지털 화폐CBDC를 활용한 국경 간 결제 시스템 구축에 협력하고 있다. 한국은행을 비롯한 여러 국가의 중앙은행들은 옵서버 자격으로 이 프로젝트와 연계를 맺고 있다.

엠브릿지를 정확히 말하면 CBDC를 활용한 국경 간 결제 실험 프로젝트다. 여러 국가가 참여하고 있는 만큼 디지털 위안화뿐만 아니라 홍콩의 e-HKD, 태국의 디지털 바트e-THB, UAE의 디지털 디르함e-AED도 결제할 수 있다. 블록체인 기술을 기반으로 자체 네트워크로 직접 결제한다. 디지털 기술과 시스템을 활용하기 때문에 거래 비용이 절감되고 속도도 향상된다. 엠브릿지는 미래형 CBDC의 국제 결제 실험장으로 볼 수 있으며 중국이 주도함으로써 디지털 위안화가 국제 무대에서 활용되는 효과를 기대하는 것이다.

엠브릿지 프로젝트는 출범 초기부터 국제결제은행BIS, Bank for International Settlement의 적극적인 참여가 있었다. BIS는 정기적으로 자체 홈페이지를 통해 프로젝트 진행 상황에 관한 보고서를 발표해왔다. 이 프로젝트의 핵심은 국가 간 CBDC를 활용한 결제 네트워크 구축과 그 실용화에 있다. 참여국들의 중앙은행과 상업은행들이 실제 지급결제에 활용할 수 있는 다자간 플랫폼을 개발해왔으며, 2022년에는 실제 거래 데이터를 기반으로 한 실험도 성공적으로 진행됐다. 2024년 6월에는 엠브릿지가 최소기능제품MVP, Minimum Viable Product 단계에 도달했다고 공식 발표했다. 이는 마치 스타트업이 초기 비즈니스 모델 개발 후 시제품을 완성하고 상용화 직전 단계에 이른 것과 유사한 의미를 갖는다.

엠브릿지 프로젝트 주요 타임라인

2019년 2월
홍콩통화청과
태국은행의 CBDC
공동 연구 개시

2021년 2월
2월 UAE와
중국인민은행
참여

2022년 10월
프로토타입 개발
및 실거래 기반
시범 실험 완료

2023~2024년
법적·규제적
프레임워크 개발

2020년 7월
7월 BIS
혁신 허브 설립
및 참여

2021년 9월
9월 1단계
기술 검증
보고서 발표

2023년
다중 CBDC
브릿지 플랫폼 구축
및 기술 검증 완료

© BIS, HKMA 자료 기반

엠브릿지는 국가 간 결제를 개선하기 위한 국제 협력 프로젝트다. 주요 참여국으로는 중국, 홍콩, 태국, UAE가 있다.

BIS가 이 프로젝트에 착수한 주된 이유는 기존 국경 간 결제망이 가진 고비용, 느린 처리 속도, 복잡한 운영 구조 등의 비효율성을 해소하기 위해서였다. 서로 다른 국가의 금융 인프라를 단일 플랫폼으로 통합함으로써 국가 간 결제와 청산 과정을 간소화하고, 궁극적으로는 더욱 포용적인 글로벌 금융 시스템을 구축하는 것이 목표였다. 프로젝트 초기부터 깊이 관여해온 BIS는 2024년 말, 참여국들이 자체적으로 프로젝트를 이끌어갈 수 있는 역량을 갖추었다며 공식적으로 철수를 선언했다.

일각에서는 이러한 결정이 고조되는 지정학적 긴장과 관련 있다는 분석했다. 하지만 BIS는 이를 강력히 부인하며 엠브릿지는 중립적인 프로젝트로서 제재 회피 수단으로 활용될 수 없다고 강조했다. 프로젝트가 홍콩에서 진행되고 있지만, 중국인민은행이 최초 착수한 만큼 중국의 영향력이 상당히 클 수밖에 없는 구조이기도 하고, BIS가 참여했던 초기에는 미중 간 긴장이 상대적으로 낮았으나, 이후 갈등이 고조되면서 BIS의 입장도 점차 부담스러워졌을 것으로 분석된다.

BIS는 엠브릿지 외에도 다양한 CBDC 관련 프로젝트를 진행해왔다. 프랑스중앙은행, 스위스국립은행, 싱가포르통화청과 함께하는 '마리아나 프로젝트'와 이탈리아, 인도네시아, 말레이시아, 필리핀, 태국중앙은행과 함께하는 '프로젝트 넥서스' 등이 대표적이다. 한국은행은 미국, 프랑스, 영국, 스위스, 일본 등 주요 기축통화국과 멕시코를 포함한 7개국이 참여하는 '아고라 프로젝트'에 합류해 있다. 특히 미국 달러화가 포함된 점이 주목을 끌었다. 이는 중국 주도의 엠브릿지 프로젝트에 대응하기 위해 서방 진영을 중심으로 구성된 것이다.

결과적으로 중국은 프로젝트 초기에 BIS의 참여를 통해 기술적·제도적으로 상당한 도움을 받았으며, BIS의 철수 이후에는 엠브릿지 프로젝트의 운영 방식과 참여국들의 역학 관계에 변화를 가져올 가능성이 크다. 특히 엠브릿지 프로젝트에 대한 미국의 정보 접근성이 줄어들었다는 면에서 중국은 오히려 더 유리한 상황에 놓였다고도 볼 수 있다. 중국이 주도권을 더욱 강화하면서 디지털 위안화의 국제화를 적극 추진할 것으로 보이며, 이는 향후 글로벌 금융 질서에도 영향을 미칠 수 있다.

다만, BIS의 부재가 프로젝트의 신뢰성과 투명성에 어떤 영향을 미칠지에 대한 면밀한 검토도 필요하다. 엠브릿지 프로젝트가 단순히 중국 중심의 결제 시스템으로 자리 잡을 것인지, 아니면 보다 균형 잡힌 다자간 협력 모델로 발전할 것인지는 앞으로의 전개 방향에 따라 결정될 것이다.

러시아를 반면교사 삼는다

러시아가 우크라이나를 침공하자 미국 등 서방 진영은 즉각적으로 러시아 은행들을 국제은행간통신협회SWIFT에서 배제하는 제재 조치를 단행했다. SWIFT는 전 세계 1만 5,000여 개 은행이 가입한 국제 결제망으로, 이곳에서 퇴출된다는 것은 국경을 넘는 지급 결제가 사실상 중단됨을 의미한다. 이는 금융의 핵폭탄을 터뜨린 것과 다름없는 조치였다. 러시아는 SWIFT 배제뿐만 아니라 유럽 등 서방 진영에 예치해둔 외환보유액도 동결되는 제재를 받았다. 달러와 유로로 표시된 자산들이 묶인 것이다. 2024년에는 서방 진영이 동결된 러시아 자산에서 발생한 이자 수입을 우크라이나에 지원하는 방안에 합의하기도 했다.

금융제재를 우려하는 중국에게 러시아는 최적의 벤치마킹 대상이다. 실제로 제재가 어떻게 작동하는지, 러시아가 이를 어떻게 우회하거나 회피하는지 등 현장 학습이 가능한 환경을 제공하기 때문이다. 중국 고위 관리들은 정기적으로 모스크바를 방문하여 러시아의 재무부, 중앙은행, 상업은행 및 다양한 관련 기관들과 회의를 진행해왔다.

중국은 미국과의 갈등이 깊어져 대만해협에서 충돌이 발생할 경우, 미국과 서방 동맹국들의 제재 가능성에 대비하기 위해 러시아 사례를 면밀히 연구해왔다. 대만 문제로 전면적인 경제 전쟁이 촉발된다면, 중국의 금융 시스템이 마비되고 무역과 자본 거래가 중단되는 상황에 직면할 수 있다. 3조 2,000억 달러에 달하는 중국의 외환보유액 중 상당 부분이 동결될 가능성이 크며, 해외에 투자하거나 보유한 중국 기업과 개인 자산의 무역 거래와 결제도 중단될 수 있다. 중국이 입게 될 타격은 상상을 초월하는 수준이 될 것이다. 이에 중국은 러시아의 사례를 통해 유사 상황 발생 시 해외에 예치한 외환보유액을 보호할 방법을 모색하고 있다. 중국은 대만 침공 시뮬레이션에서 군사 작전뿐만 아니라 금융 시스템 방어, 즉 금융제재에 대비한 훈련도 병행하고 있다.

전 세계 금융시장은 압도적으로 달러 체제에 묶여 있으며, 달러를 매개로 무역과 자본 거래가 이루어지고 있다. 이에 따라 미국이 사용할 수 있는 카드는 다양하다. 하지만 중국이 미국의 금융제재에 맞서거나 회피할 수 있는 수단은 현재로서는 제한적이다.

이런 맥락에서, 디지털 위안화는 중국이 제재를 회피할 수 있는 핵심 열쇠가 될 가능성이 높다. 2020년 5월부터 중국이 실험해온 디지털 위안화는 국제 결제와 금융 시스템을 근본적으로 변화시킬 신병기이다. 중국이 구축한 위안화 국제결제시스템CIPS, Cross-Border Interbank Payment System은 SWIFT를 대체하여 별도의 채널로 활용될 수 있는 결제 수단이 된다. 컴퓨터 프로그램 기반의 디지털 위안화는 사용 기한이나 대상 등을 쉽게 설정할 수 있으며, 해외 사용자도 이용 가능하다. 디지털 화폐의 특성상 관리감독기관의 승인을 받으면 계좌 개설이 가능하다.

　미국은 중국이 선점한 디지털 위안화 실험과 엠브릿지 프로젝트를 주시하고 있다. 미국 내에서는 CBDC 개발과 실용화에 적극적으로 나서야 한다는 주장이 나왔다. CBDC를 외면할 경우 디지털 화폐 분야에서 미국이 뒤처질 수 있다는 우려 때문이었다. 이에 바이든 대통령은 주요 부처와 공공기관에 CBDC 도입 방안을 연구하도록 행정명령을 내린 바 있다. 하지만 트럼프 대통령이 2기 취임 직후 CBDC 금지조치를 내렸다.

2장

세계로 나가는
위안화

통화스와프로
신흥국을 엮어간다

위안화 국제화를 추진하는 과정에서 중국이 가장 적극적으로 활용하는 전략적 도구는 국가 간 통화스와프currency swap이다. 선진국이 아닌 신흥국들은 글로벌 시장이 요동칠 때마다 유동성 부족이나 환율 급등락으로 경제적 쇼크에 빠지게 된다. 이는 대부분 달러 부족으로 인해 발생하는 현상이다. 비기축통화국인 신흥국들은 달러 체제 속에서 살아가는 한, 숙명에 가까운 제약을 안고 있는 셈이다.

가까운 예로, 2013년 미국 연방준비제도(연준)가 오랫동안 유지해온 양적완화QE 정책을 중단할 것이라는 신호를 보내자 신흥국 금융시장은 큰 충격에 빠져들었다. 이는 글로벌 금융위기 극복을 위해 2008년부터 지속해온 대규모 유동성 공급을 마무리하기 위한 미국의 정책 전환이었다. 당시 벤 버냉키 의장이 "채권 매입 규모를 점진적으로 축소할 가능성이 있다"는 발언을 하자, 금리는 급등하고 신흥국에서 자금이 일시에 빠져나가는 바람에 큰 혼란이 발생했다. 이른바 '테이퍼 탠트럼Taper Tantrum'으로 부르는 현상이다. [Taper는 점진적인 축소를 뜻하고, Tantrum은 어린아이가 짜증 내며 우는 모습을 뜻한다. 즉, 연준이 돈 푸는 걸 줄이자 시장이 떼쓰듯(과민 반응) 충격을 받은 상황을 빗댄 표현이다. - 편집자 주]

중국이 위안화 통화스와프를 대규모로 단행한 시점도 2008년 글로벌 금융위기와 밀접한 연관이 있다. 미국의 서브프라임 모기지 부실에서 촉발된 이 사태는 '글로벌 금융위기'로 세계 경제사에 기록된 중대한 사건이었다. 월스트리트로 대표되는 글로벌 금융 표준을 제시해온 미국의 주요 금융회사와 대기업들이 잇달아 유동성 위기에 직면했다. 미국으로서는 자국 금융 시스템의 취약점이 적나라하게 드러난 뼈아픈 경험이었다. 이어서 2010년 유럽 재정위기가 발생하면서, 중국을 비롯한 신흥국들은 미국과 유럽 중심의 서방 선진국 경제 모델이 지닌 한계를 목격하게 되었다. 이는 오랫동안 글로벌 스탠더드로 자리 잡았던 선진국 경제와 금융 시스템의 약점을 노출시키는 계기가 되었다.

장기간의 고도성장으로 축적된 무역흑자와 풍부한 외환보유고 등 견실한 경제 펀더멘털을 갖추고 있던 중국은 이러한 위기에서 상대적으로 안정을 유지했다. 서방 선진국들이 위기를 겪는 틈을 타서 중국은 동남아시아, 중남미, 중동, 아프리카 등 신흥국 시장으로 영향력을 확대했다. 장기적 관점에서 볼 때, 이 시기는 중국이 미국식 스탠더드나 서방 주도의 글로벌 스탠더드 대신 '베이징 컨센서스Beijing Consensus'라 불리는 중국 특유의 경제발전 모델을 제시하는 전환점이 되었다.

베이징 컨센서스는 서방의 자유시장 자본주의와 차별화되는 중국의 발전 모델로, 국가가 경제 성장을 주도하는 적극적인 정부 개입, 점진적 개혁, 정치적 안정 유지, 기술 혁신을 통한 성장 등을 특징으로 한다. 특히 개발도상국들에게 서구식 민주주의와 신자유주의적 경제 개혁 없이도 빠른 경제 성장이 가능하다는 대안을 제시하며 주목받았다. 더 이상 서방을 모방하지 않고, 중국 공산당이 이끌어온 개혁개방의 성과에 자신감을 갖고 '중국식 모델'을 적극적으로 추진하는 방향으로 정책이 설정된 것으로 보인다.

중국의 통화스와프 전략과 미국과의 차이점

중국의 국가 간 통화스와프 접근법은 미국과 뚜렷한 차이를 보인다. 가장 큰 특징은 통화스와프를 체결하는 상대국들이 대부분 신흥국이라는 점이다. 반면 미국은 주로 서방 선진국들과 통화스와프 계약을 맺는다. 중국의 이러한 행보는 미국을 대체하려는 시도라기보다, 미국이 지원하기 어려운 상황에 처한 국가들에게 중국이 먼저 손을 내미는 전략적 접근이라고 볼 수 있다.

중국의 통화스와프는 위안화를 제공하고 해당 국가의 통화를 받는 방식으로 이루어진다. 중국은 미국과 통화스와프를 체결하지 않았는데, 이는 양측 모두 그러한 필요성을 느끼지 않았기 때문으로 보인다. 한편 중국과 한국은 2008년 말 첫 통화스와프 협정을 체결했고, 2020년 10월, 기존의 계약을 연장하고 규모를 기존 64조 원(3,600억 위안)에서 70조 원(4,000억 위안)으로 늘리는 등 상호 금융협력을 확대해가는 추세다.

중국인민은행은 매년 통화스와프 체결 국가를 확대하고 기존 통화스와프 계약을 갱신하면서 신흥국을 중심으로 글로벌 위안화 네트워크를 탄탄히 구축해가고 있다. 특히, 위안화 국제화를 위한 전략적 도구로 통화스와프를 적극 활용하며, 달러 의존도를 낮추려는 신흥국들과의 협력을 강화하고 있다. 이 과정에서 아시아인프라투자은행AIIB과 일대일로 프로젝트는 신흥국과의 통화스와프 체결에 중요한 지렛대 역할을 하고 있다. AIIB는 대규모 인프라 투자와 금융 지원을 통해 참여국의 위안화 사용을 촉진하고 있으며, 일대일로 프로젝트를 통해 중국이 자금을 지원하는 국가들의 무역 및 금융 거래에서 위안화 결제 비중을 확대하고 있다.

최근 중국은 여러 국가와 대규모 통화스와프 협정을 체결하며 이러한 흐름을 가속화하고 있다. 대표적으로 2023년 11월 중국과 사우디아라비아는 500억 위안(약 9조 원) 규모의 통화스와프 협정을 체결하여 양국 간 무역 및 금융 협력을 강화했다. 또한, 정권 교체와 정책 변화로 무산되긴 했으나, 2023년 10월 아르헨티나와 65억 달러 규모의 추가 통화스와프에 합의한 바 있다. 중국의 통화

세계 지도로 보는 중국과 통화스와프 체결 국가

© PBoC, BIS, IMF 자료 기반

중국인민은행은 위안화의 국제화를 추진하기 위해 전 세계 여러 국가의 중앙은행과 양자 간 통화스와프 협정을 체결해왔다. 한국, 일본, 싱가포르, 태국 등 아시아 지역부터 영국, 독일, 프랑스, 우크라이나, 벨라루스, 러시아 등 유럽 지역, 남아프리카공화국, 카타르, UAE 등 아프리카 및 중동 지역까지 포함하고 있다. 2025년 기준으로 40개 이상의 국가 및 지역과 협정을 맺었고, 이 중 31개 협정이 현재 유효하다고 알려져 있다.

스와프 전략은 단순한 금융 협력 수준을 넘어 글로벌 금융 질서에서 위안화의 역할을 확대하는 중요한 수단이 되고 있다.

한편, 미국의 통화스와프는 상시 통화스와프와 임시 통화스와프로 구분된다. 상시 통화스와프는 서방 선진국과 함께 달러 체제를 운용하는 근간이라 할 수 있다. 미 연준은 영국, 유럽연합, 일본, 캐나다, 스위스의 중앙은행과 상시 통화스와프 관계를 유지하고 있으며, 이는 무기한, 무제한 계약의 성격을 띤다. 이들 국가는

미 연준과 중 인민은행 주요 특징 비교

항목	미국 연방준비제도	중국 인민은행
주요 목적	글로벌 금융 안정, 달러 유동성 공급	위안화 국제화, 무역 촉진
대상국	주로 선진국 중앙은행 (유럽, 일본, 영국 등)	주로 신흥국 및 개도국 (브릭스, 아시아, 아프리카, 중남미 등)
통화 종류	미국 달러(USD)와 상대국 통화	중국 위안화(CNY)와 상대국 통화
계약 방식	미 연준과 상대국 중앙은행 간 일시적 유동성 공급	중국과 상대국 간 장기적 교역·금융 협력
주요 사례	2008년 금융위기 당시 한국·EU·일본 등과 긴급 스와프 체결	아세안, 러시아, 브라질, 사우디 등과 위안화 스와프 확대
기간 및 규모	보통 6개월~1년 단위, 필요 시 연장	대체로 장기적(3~5년 이상)
주요 효과	글로벌 금융위기 시 달러 부족 완화	위안화 국제화 촉진 및 중국의 금융 영향력 확대

© 미 연준 공식 사이트, PBoC 기반

필요할 때마다 원하는 만큼 미국으로부터 달러를 공급받을 수 있어, 외화 유동성 위기를 겪을 가능성이 거의 없다. 이러한 안전망이 있기에 이들 통화는 준기축통화이자 안전통화로 인식된다. 물론 이들 국가가 상시 통화스와프 대상이 된 배경에는 외환시장의 완전 개방과 튼튼한 경제 펀더멘털이라는 조건도 중요하게 작용했다.

반면 미 연준이 체결하는 임시 통화스와프는 동맹국이나 우방

미중 화폐전쟁

국, 그리고 경제 규모가 큰 신흥국을 대상으로 이루어진다. 이는 보통 1년 내외의 제한된 기간과 정해진 달러 한도를 특징으로 한다. 한국의 경우, 한국은행이 미 연준과 통화스와프를 체결한다는 소식만으로도 원−달러 환율이 급격히 하락하는 현상이 여러 차례 확인되었다. 이러한 통화스와프 체결은 외환시장의 안정성을 높여주며, 위기 상황에서 달러 유동성을 확보하는 중요한 수단으로 작용한다.

구체적으로는 한국은 2008년 글로벌 금융위기, 그리고 2020년 코로나19 팬데믹 초기와 같은 시점에서 미국과 임시 통화스와프를 체결하였다. 이때 한국은 미 연준과 1년 단위의 임시 통화스와프 계약을 맺었으며, 이를 통해 위기 상황에서 외환시장의 불안정을 완화하고 원화의 급격한 가치 하락을 방지했다. 따라서 임시 통화스와프는 한국과 같은 경제 규모가 큰 신흥국에게도 중요한 외환 안정 장치로 기능하며, 미국과의 통화스와프 체결은 국가 경제에 필수적인 요소로 인식된다. 통화스와프가 체결될 때마다 국내외에서는 환율 안정과 외환시장 신뢰 회복이라는 긍정적인 효과가 나타난다. 다만, 임시 통화스와프는 미국의 금융 지원을 받는다는 점에서 시혜적 조치로도 해석될 수 있다. 한편 미국 의회는 국가 간 통화스와프 계약에 대해 부정적이다. 통화스와프가 금융 여건이 취약한 국가에 긴급 자금을 대출해주는 것이나 다름없는 조치여서 자칫 상환받지 못할 수도 있기 때문이다.

위안화 직거래시장을 열다

중국의 위안화 국제화 전략은 크게 세 가지 축으로 구성되어 있다. 앞서 본 국가 간 통화스와프, 해외 직거래시장 개설, 그리고 국경 간 결제망이 바로 그것이다. 이 중 통화스와프와 직거래시장은 중국이 상대국 중앙은행과 협정을 맺어 운영하는 방식이다. 통화스와프가 중국 측에서 금융 지원을 제공하는 성격이라면, 직거래시장은 중국이 상대국에 요청하여 개설되는 특징을 갖는다. 통화스와프를 체결한 나라들은 주로 위안화를 차입하여 활용하는 반면, 직거래시장은 아직 개설된 국가가 많지 않고 거래 규모도 상대적으로 크지는 않다.

중국인민은행의 위안화 국제화 보고서에 따르면, 2023년 9월 기준으로 전 세계 29개국 31개 도시에 위안화 직거래시장이 개설되어 있다. 초기에는 2003년 홍콩을 시작으로 2012년에 대만과 마카오, 2013년에 싱가포르 등 중화권 지역을 중심으로 설치되었다. 2014년에는 런던, 프랑크푸르트, 파리 등 글로벌 금융 중심지에 집중적으로 진출했으며, 같은 해 서울에도 원/위안화 직거래시장이 문을 열었다. 2022년에는 브라질 상파울루에 헤알/위안화 직거래시장을 비롯해 카자흐스탄, 파키스탄, 라오스 등으로 확장되면서 위안화의 글로벌 네트워크가 크게 확대되었다.

위안화 직거래시장이 설립된 지역에서는 중국의 주요 국유은행인 중국은행Bank of China, 중국공상은행ICBC, 중국건설은행CCB 등이 청산은행으로 지정되어, 양국 간 거래에서 위안화 결제 및 청산을

세계 지도로 보는 위안화 직거래시장 개설 국가

© PBoC, RMB Internationalization Report 기반

한국, 일본, 유로존, 러시아 등 세계 주요 국가뿐 아니라 태국, 싱가포르, 남아프리카공화국, 헝가리까지 약 30개국에 위안화 직거래시장이 개설되어 있다. 이들 국가는 위안화로의 환전 비용을 절감할 수 있을 뿐만 아니라, 환율 변동 리스크를 축소할 수 있다. 중국은 이를 통해 위안화 국제화를 촉진하고 있다.

지원하고 있다. 특히 홍콩, 대만, 마카오, 독일, 프랑스, 브라질 등 여러 국가에서 중국은행이 주요 청산은행으로 지정되었으며, 영국, 싱가포르는 중국건설은행과 중국공상은행이 각각 맡고 있다.

직거래시장이 개설되면 현지 통화와 위안화 간 환율이 달러를 경유하는 간접적인 재정환율 방식이 아닌, 시장의 수요와 공급에 따라 직접 결정되는 장점이 있다. 이는 외환 거래뿐 아니라 결제 서비스, 금융상품 개발, 투자 기회 확대 등의 효과를 가져온다. 또한 위안화 결제와 청산 절차를 편리하게 만든다. 중국과 교역이

IMF의 SDR 구성 비중 변화(2016년과 2022년 기준)

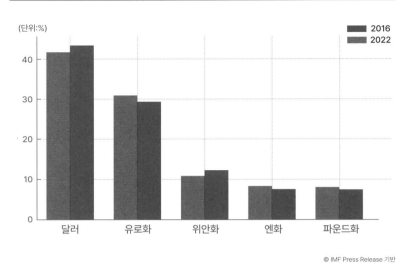

(단위:%)

■ 2016
■ 2022

© IMF Press Release 기반

특별인출권SDR을 구성하는 통화 중 유로, 엔화, 파운드화는 감소한 데에 반해, 달러와 위안화는 소폭 증가했다. 달러는 41.73%에서 43.38%로, 위안화는 10.92%에서 12.28%로 비중이 높아졌다.

활발한 국가에서 위안화 결제가 확대되면 외환 리스크가 축소되고 현지에서 위안화 거래가 늘어나면 해당국의 외환보유액에 위안화가 추가되거나 비중이 증가할 수 있다. 특히 위안화는 2016년 10월, 국제통화기금IMF의 특별인출권SDR, Special Drawing Rights 바스켓에 공식 편입되어 글로벌 준비통화로서의 위상을 인정받았으며 글로벌 금융에서 중국의 영향력을 확대하는 데 유리한 입지를 갖게 되었다.

미중 화폐전쟁

IMF의 통화별 SDR 가중치

* SDR 1단위는 이 다섯 개 통화의 가치에 따라 변동(2022년 기준)

(단위:%)

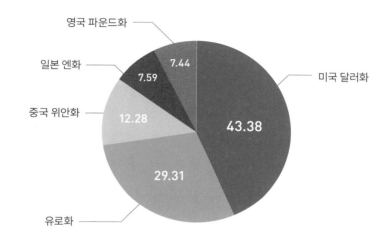

영국 파운드화 — 7.44

일본 엔화 — 7.59

중국 위안화 — 12.28

미국 달러화 — 43.38

유로화 — 29.31

주요 금융 중심지에 개설된 직거래시장은 위안화 표시 채권 발행과 대출 상품 확대를 통해 위안화가 글로벌 화폐로서의 역할을 하는 데 초점을 맞추고 있다. 반면 신흥국에서는 통화스와프와 병행하여 일대일로 프로젝트를 지원하면서 중국과 신흥국 간 경제·외교적 관계를 강화하는 데 기여하고 있다.

더욱 주목할 만한 점은, 현지에 지정된 위안화 청산은행이 중국인민은행이 주관하는 디지털 위안화 시스템과 연결될 경우, 중국과 상대국 사이에 중앙은행 디지털 화폐CBDC를 이용한 새로운 결제 방식이 채택될 가능성이 있다는 것이다. 이러한 연결은 전통적인 결제 시스템의 한계를 넘어서, 더 빠르고 효율적인 디지털 결제 환경을 만들 수 있는 기회를 제공한다. 특히, 디지털 위안화는 국경 간 결제에서 거래 비용 절감, 실시간 결제 가능, 그리고 통화 유동성 관리 측면에서 매우 중요한 역할을 할 수 있다.

이처럼 주요 금융허브에 개설된 위안화 직거래시장은 글로벌 통화로 진출하는 디딤돌이 되는 한편, 신흥국의 직거래시장은 경제 협력과 자금 지원을 매개로 위안화의 실질적인 활용을 촉진하고 있다. 이러한 점에서 위안화 직거래시장의 확대와 디지털 위안화의 연결은 단기적인 금융 거래를 넘어, 경제와 금융 협력을 매개로 중국과 세계 경제의 상호작용을 심화하는 중요한 전환점이 될 수 있다.

한국 외환시장에 성큼 들어온 위안화

서울 외환시장에서 가장 활발하게 거래되는 것은 원화와 미국 달러 간의 환율인 원/달러 환율이다. 다른 통화와 원화 간 환율은 일반적으로 원/달러 환율과 달러/해당통화 환율을 통해 간접적으로 계산되는 재정환율 방식으로 결정된다. 예를 들어, 원/유로 환율은 원/달러 환율과 달러/유로 환율을 기반으로 계산된다.

그런데 서울 외환시장에서 달러 외에 재정환율이 아닌 직거래 형태로 결정되는 특별한 환율이 존재한다. 바로 원/위안화 환율이다. 원/달러 거래량에 비해 현저히 적지만, 두 통화 간 환율이 직접 결정되는 직거래시장이 별도로 개설되어 있기 때문이다. 원/위안 직거래시장은 2014년 7월 한중 양국 정상회담에서의 합의를 토대로 같은 해 12월에 공식 출범했다. 청산은행으로는 중국 국유은행인 교통은행 서울지점이 지정되었으며, 매년 자국 주요 은행들을 시장 조성자로 선정해 거래 활성화를 꾀하고 있다. 2016년 6월에는 중국 상하이에도 원/위안 직거래시장이 개장했으며, 상하이 직거래시장의 원화 청산은행은 하나은행과 우리은행이 담당하고 있다.

2024년 1월부터 9월까지의 서울 원/위안 직거래시장 거래 규모는 26억 3,000만 달러로, 지난 10년간 평균 26%의 성장률을 보였다. 중국이 자국 밖에 개설한 위안화 직거래시장 중에서 서울은 싱가포르, 영국, 홍콩에 이어 4위를 차지하고 있다. 다만, 거래의 대부분이 은행 간 거래로 이루어지고 있으며, 대고객 거래는 아직 미미한 수준이다. 상하이 원/위안 직거래시장의 거래액도 같은 기간 약 300만 달러에 그쳐 활성화되지 못한 상황이다.

은행 외환 딜러의 관점에서 보면, 직거래시장이라는 이점에도 불구하고 위안/달러 환전 후 다시 원/달러 환전을 하는 간접 방식과 비교할 때 유동성이나 스프레드 측면에서 특별히 유리한 점이 없는 것이 현실이다. 그러나 한국과 중국 간 무역 규모를 고려할 때, 장기적으로는 위안화 결제가 증가하고 중국이 자본시장 개방을 확대함에 따라 위안화 직거래시장이 더욱 활성화될 것으로 전망된다. 원/위안화 직거래시장은 아직 초기 단계이지만 점차 정착되고 있으며, 과거 1996년 10월에 개설되었다가 거래량 부족으로 4개월 만에 중단된 원/엔 직거래시장에 비하면 상대적으로 안정적인 성장세를 보이고 있다.

판다본드와 딤섬본드로
세계에 침투하다

2024년 봄, 용인 에버랜드에서 자이언트 판다 푸바오가 중국으로 떠나는 날 5,000여 명의 팬들이 모여 인산인해를 이루었다. 중국 쓰촨성으로 돌아가는 날짜가 정해진 이후부터 에버랜드에는 아쉬움을 달래려는 관람객들이 연일 몰려들었던 터였다. 푸바오는 2016년 한중 수교 24주년을 기념해 중국이 한국에 보낸 한 쌍의 자이언트 판다가 낳은 새끼로, 2020년 7월 20일에 태어나 성장하면서 귀여운 재롱으로 많은 사랑을 받았다. 판다는 중국이 외교 무대에서 우호의 상징으로 임대하는 동물로, 전 세계적으로 인기를 끌고 있다.

이런 배경에서 외국 기업이나 정부, 국제기구 등이 중국 내에서 발행하는 위안화 표시 채권을 '판다본드'라고 한다. 이러한 명명법은 다른 국가에서도 볼 수 있다. 외국 기업이나 정부가 한국에서 원화로 발행하는 채권은 '아리랑본드', 일본에서 엔화로 발행하면 '사무라이본드', 미국에서 달러로 발행하면 '양키본드'라고 부른다. 여느 채권처럼 판다본드는 중국 내에서 공장을 짓거나 사업을 확대할 때 위안화 자금을 조달하기 위해 발행된다. 중국 내에서 거래되기 때문에 채권을 인수하는 주요 투자자는 중국의 기관투자자와 금융회사들이다.

판다본드, 중국 시장으로 자본을 유입하다

중국은 위안화를 국제 결제와 투자에 널리 활용되는 통화로 확대하기 위한 정책을 강력하게 추진해왔다. 판다본드는 이러한 위안화 국제화 전략의 중요한 도구 중 하나로, 그 시장은 꾸준히 성장하고 있다. 중국 국부펀드인 CIC가 판다본드를 발행해 중국 내에서 투자하고, 브릭스가 설립한 NDB도 3년 만기, 2.03% 금리로 80억 위안 규모의 판다본드를 발행해 회원국 지원자금에서 달러뿐만 아니라 위안화 비중을 늘려가고 있다. 홍콩상하이은행HSBC은 3년 만기, 2.15% 금리로 45억 위안 규모를, 도이치은행은 한 해 동안 총 80억 위안을 판다본드를 통해 조달했다. 그 외에도 아시아개발은행ADB, 국제금융공사IFC, 한국수출입은행 등이 판다본드를 발행한 바 있다.

판다본드, 딤섬본드 발행 추이(2016년부터 2024년)

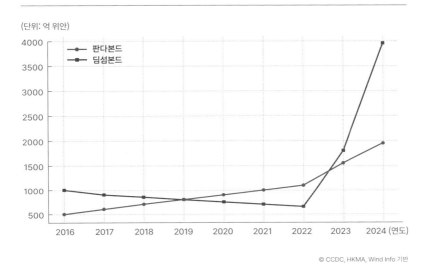

(단위: 억 위안)

범례: 판다본드 / 딤섬본드

판다본드는 완만하고 안정적인 증가세를 보이는 반면, 딤섬본드는 2023년부터 급증했다. 이는 각각 중국 본토의 자금 수요 증가, 홍콩 기반의 위안화 채권시장 회복에 기인한 것으로 추정해볼 수 있다.

다만 판다본드의 발행 규모는 미국 국채에 비하면 아직 미미한 수준이다. 미국 증권산업금융시장협회SIFMA 자료에 따르면, 2024년 미국 국채 발행액은 전년 대비 28.5% 증가한 26조 7,000억 달러에 달했다. 같은 기간 발행된 판다본드 규모는 약 1,949억 위안(약 297억 달러)로, 아직은 상대가 되지 않아 보인다. 하지만 이는 전년 대비 26% 증가한 금액으로 발행 건수와 금액에서 점차 그 규모가 늘어나 위안화의 국제적 지위를 높이는 데 그 역할이 커지고 있다.

딤섬본드, 좀 더 자유로운 위안화 투자

한편, 중국 기업이나 외국 기업, 금융회사가 홍콩이나 기타 해외 시장에서 위안화 표시 채권을 발행하면 이를 '딤섬본드'라고 부른다. 중국 본토보다 상대적으로 규제가 덜한 편이지만, 환율 변동 리스크를 감수해야 한다는 특징이 있다.

판다본드와 딤섬본드의 주요 특징

	판다본드	딤섬본드
정의	외국 기업이나 정부, 국제기구 등이 중국 본토 내에서 발행하는 위안화 표시 채권	중국 기업이나 외국 기업, 금융회사가 홍콩이나 기타 해외 시장에서 발행하는 위안화 표시 채권
발행 장소	중국 본토 내 채권시장	홍콩이나 기타 해외 금융시장
발행 주체	외국 기업, 정부, 국제기구	중국 기업, 외국 기업, 금융회사
주요 투자자	중국 본토의 기관투자자와 금융회사	홍콩 및 국제 투자자
규제 환경	중국 본토의 자본시장 규제를 따름	중국 본토보다 상대적으로 규제가 덜한 편
환율 위험	상대적으로 낮음	환율 변동 리스크를 감수해야 함
주요 목적	중국 내에서 공장을 짓거나 사업을 확대할 때 위안화 자금 조달	해외에서 위안화 표시 채권을 통한 자금 조달
위안화 국제화 역할	중국 내 위안화 자금 조달 청구로서의 역할	해외에서 위안화 표시 자산 확대에 기여

© PBoC, HKMA 자료 기반

미중 화폐전쟁

해외에서 처음으로 위안화 표시 중국 국채가 발행된 것은 2015년 10월 영국 런던에서였다. 중국 이외 지역에서 발행된 첫 딤섬본드로 기록된 이 채권은 1년 만기, 3.10% 금리로 50억 위안 규모였으며, 발행 당시 6배에 달하는 수요가 몰려 화제가 되었다.

이 채권 발행은 당시 영국이 중국과의 정상회담에서 런던을 역외 위안화 허브로 발전시키는 데 적극 협력하겠다고 약속한 시점과 맞물렸다. 더욱이 그해 11월에는 중국 위안화의 국제통화기금IMF 특별인출권SDR 편입 여부를 결정하는 회의를 앞두고 있었다. 이를 계기로 영국과 중국은 '글로벌 전면적 전략 동반자'로 관계를 격상하고 금융협력의 새로운 장을 열었다.

판다본드와 딤섬본드는 각기 위안화의 국제적 위상을 높이고 글로벌 금융시장에서 중국의 영향력을 확대하는 중요한 수단으로 자리 잡고 있다. 미국 달러 중심의 국제 금융질서 속에서 규모가 작고 그 영향력이 제한적이지만, 중국의 경제력 확대와 함께 그 중요성은 점차 커질 전망이다.

글로벌 위안화의 첨병,
중국 국부펀드CIC

중국은 해외 투자를 위해 중국투자공사CIC, China Investment Corporation와
국가외환관리국SAFE, State Administration of Foreign Exchange 두 기관을 운영하
고 있다. CIC는 2007년 9월, 2,000억 달러의 자본금으로 설립된
국영 투자회사로, 본사는 베이징에 위치하며 중국 정부가 100% 출
자했다. CIC는 무역흑자로 축적된 외환보유액을 보다 효율적으로
운용하고, 다양한 투자 수단을 활용해 높은 수익률을 창출하기 위
해 설립되었다. 우리나라는 이보다 앞서 2005년 7월에 한국은행이
보유한 외환보유액의 투자 수익을 늘리기 위해 한국은행과 기획재
정부가 200억 달러를 출자해 한국투자공사KIC를 출범시켰다.

    CIC는 설립 초기 미국 블랙스톤의 9.9% 지분을 30억 달러에

CIC의 세 가지 주요 운용 플랫폼 요약

포트폴리오	주요 대상	운용 목적
CIC International	해외 상장·비상장 자산	외환보유고 수익성 제고
CIC Domestic	중국 내 산업·기술 자산	전략적 투자, 내수 강화
Central Huijin	국유은행 및 금융기관 지분	금융 시스템 안정, 정책 집행 수단

© CIC 공식 홈페이지

매입하며 글로벌 금융시장에서 주목받았다. 이는 뉴욕 월가의 대표적인 사모펀드에 투자하여 네트워크를 구축하고 투자 성과를 도모하려는 전략이었으나, 2008년 글로벌 금융위기 발생으로 인해 블랙스톤 지분 가치가 급락해 큰 손실을 입으면서 첫 작품이 실패로 끝났다.

CIC는 글로벌 상장주식과 채권, 사모펀드와 대체자산 등 해외 포트폴리오와 중국 국유 금융기관 지분을 보유한 국내 포트폴리오, 그리고 미국 단기국채와 현금 등으로 운용하는 유동성 포트폴리오 등 세 부문에 투자하고 있다. 한국 KIC가 오로지 해외 주식과 채권, 대체자산에 투자하는 것과 달리, CIC는 해외 자산과 중국 내 자산, 그리고 중국 국유은행 지분까지 투자 대상이다. 또한 미국 모건스탠리 등 금융회사와 상장기업의 지분을 보유하고 있으며, 동남아, 중남미, 아프리카 등 신흥국을 대상으로 광산, 석유·가스,

항만, 도로 건설 등에 투자해 중국의 글로벌 영향력을 확대하는 역할을 하고 있다. 이 과정에서 위안화 결제를 늘려 탈달러화와 위안화 국제화 전략을 추진하는 핵심 기관으로 자리 잡았다.

CIC는 중국 내에서도 인공지능, 반도체, 5G, 신재생에너지 등 신기술 분야에 적극적으로 투자하고 있다. 중국 정부의 중점 육성 산업 및 첨단기술 분야에 자금을 지원하며, 국책 사업의 금융 측면에서 중요한 역할을 수행하고 있다. 또한, 100% 자회사인 중앙회금투자공사Central Huijin를 통해 공상은행, 건설은행, 농업은행, 중국은행 등 4대 국유은행과 중신증권, 중국생명보험 등 주요 금융회사의 지분을 보유하여 금융시장의 안전판 역할도 담당하고 있다.

한편, CIC는 위안화 표시 채권인 판다본드를 발행해 자금을 조달하고, 판다본드 시장 활성화에도 적극 나서고 있다. 운용 자산의 경우, 중국의 다른 금융 공기업들과 마찬가지로 달러 표시 자산의 비중을 줄이고 유로, 엔화, 위안화 등으로 분산하는 전략을 추진해왔다. 이는 미국의 금융제재 가능성에 대비해 자산 포트폴리오를 다변화하는 조치로 해석된다.

2024년 말 기준, CIC의 운용 자산은 1조 3,500억 달러로 증가했다. 장기 기관투자자로서 CIC는 평균 10년의 투자 기간을 설정하며, 연평균 복리수익률을 핵심성과지표KPI로 삼고 있다. 홈페이지에 공시된 자료에 따르면 2023년 기준 CIC의 10년 평균 누적 순수익률은 6.57%로, 목표 대비 0.31%P 초과 달성했으며, 출범 이래 연평균 누적 수익률은 6.23%를 기록했다. 노르웨이, 사우디아라비아 등의 국부펀드와 비교할 때, CIC는 단순한 투자보다는 중국 정부의 정책을 집행하고 경제·정치적 영향력을 확대하는 기관이라는 의견이 많다.

국가외환관리국SAFE도 3개 기금 운용

중국은 CIC와 함께 국가외환관리국SAFE 산하에 세 개 투자기금을 추가로 운용하고 있다. 일대일로 프로젝트를 지원하는 실크로

CIC의 연도별 운용자산 추이

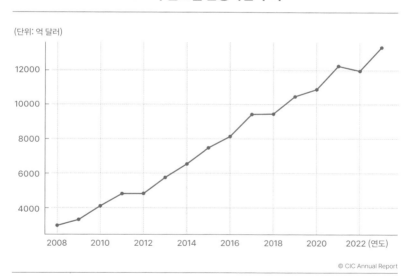

(단위: 억 달러)

© CIC Annual Report

CIC의 운용자산은 2008년 약 2,975억 달러에서 시작해 2023년에는 약 1조 3,320억 달러에 도달했으며, 특히 2020년 이후 성장세가 두드러진다.

드펀드, 중국-중남미 산업협력투자기금, 중국-아프리카 산업역량 협력기금이다. 실크로드펀드는 2014년 일대일로 구상을 지원하기 위해 조성되었다. 아시아와 아프리카 지역의 인프라와 자원 개발, 산업 협력 프로젝트에 투자하거나 자금을 지원한다. 지속가능한 발전과 녹색 금융 등 친환경 분야로 투자 대상을 확대하고 있다. 파키스탄 카라치-라호르 고속도로 건설과 러시아 야말 LNG 프로젝트, 이집트 수에즈 운하 경제구역 개발 등에 자금을 지원했다.

2015년에 출범한 중국-중남미 산업협력투자기금은 이름 그대로 중남미 국가들에게 인프라, 에너지와 자원 개발, 농업 등 다양한 분야에 투자해왔다. 브라질 전력망 확충과 페루 광산 개발, 아르헨티나 농업 현대화 프로젝트 등이 구체적인 사례다. 디지털 흐름에 맞춰 전자상거래와 스마트 시티 쪽에도 기금을 투입하고 있다. 중국-아프리카 산업역량협력기금은 에티오피아, 나이지리아 등에서 산업단지를 신설하거나 농업 현대화 사업에 투자하고 있다. 시진핑 주석은 2024년 9월 중국-아프리카포럼에서 3년간 510억 달러를 지원해 일자리 100만 개를 창출하겠다고 발표했다.

SAFE 산하 세 개의 펀드와 CIC를 합치면 중국의 국부펀드 전체 규모는 3조 달러로 추정된다.

위안화 교두보이자 실험장, 홍콩

홍콩은 기구한 운명을 지닌 도시다. 아편전쟁에 패한 청나라가 영국에 굴복해 떼어내 주었고, '해가 지지 않는 제국'은 홍콩을 아시아 금융허브를 넘어서 글로벌 금융허브로 키워냈다. 하지만 영국의 해가 저물고 중국의 해가 떠오른 후 홍콩은 다시 중국의 품에 안겼다. 100여 년을 경영해 글로벌 도시가 된 홍콩은 그대로 중화인민공화국의 특별행정구로 편입되어 중국의 통치를 받게 되었다.

2020년대로 들어선 시점에 홍콩은 예전 같지 않다. 본토에서 시행되는 보안법과 비슷한 내용으로 엄격한 '홍콩보안법'이 제정되어, 나날이 '중국화'되고 있다. 아시아 금융허브로서의 자리를 점차 싱가포르와 도쿄에 내어주고 쇠퇴일로를 걷고 있다는 진단이 나온다.

홍콩거래소는 오랜 역사를 지닌 곳이다. 중국 자본시장에 외국인 투자를 유치하는 주요 창구로서, 후강통, 선강통 정책이 이뤄진 곳이다.

그럼에도 불구하고 홍콩은 중요한 도시다. 오랜 기간 금융 중심지로서 위치를 지키고 있을 뿐만 아니라, 중국의 고속 성장에 힘입어 본토와의 교류가 늘어나, 금융과 무역에서 덕을 톡톡히 보았다. 중국 또한 홍콩이 지닌 금융 중심지로서의 강점을 최대한 살려서 위안화 국제화에 활용한다. 위안화 해외 진출의 교두보로서, 실험장으로서 홍콩은 너무나 유용하다. 베이징에서 정책을 정하고 실행할 때 홍콩에서 먼저 시범 운영을 하거나, 홍콩을 본토와 연결해서 새로운 제도를 먼저 적용해보고 본토로 확산하는 방식이 공식처럼 되었다.

후강통, 선강통, 채권통으로 외자 유치

오랜 역사를 지닌 홍콩거래소HKEX, Hong Kong Stock Exchange는 중국 자본시장에 외국인 투자를 유치하는 주요 창구다. 개혁개방 초기에 외자 유치가 필요했던 중국은 홍콩을 거점으로 외국계 금융회사를 통해 외국인들이 본토에 투자할 수 있도록 유도했다. 2000년대 들어 홍콩을 통해서 외국인들의 주식 투자를 유도하기 위해 내놓은 자본시장 개방정책이 후강통滬港通, Shanghai-Hong Kong Stock Connect과 선강통深港通, Shenzhen-Hong Kong Stock Connect이다. 이는 홍콩거래소를 중심으로 상하이거래소와 선전거래소를 연결하여 외국인들이 중국 기업 주식을 거래할 수 있도록 한 제도다.

2014년 가장 먼저 개통된 후강통은 해외 및 홍콩 투자자들이 홍콩거래소를 통해 상하이거래소에 상장된 내국인 전용 주식인 A주A-shares를 매매할 수 있도록 하고, 중국 투자자들은 홍콩거래소에 상장된 H주H-shares를 거래할 수 있도록 했다. H주는 홍콩에 상장된 중국 기업 주식으로, 공상은행ICBC, 건설은행CCB 등 국유은행과 페트로차이나, 차이나텔레콤 등 국유기업들이 대표적인 종목이다. A주는 후강통 시행 이전까지 상하이와 선전거래소에서 위안화로만 거래되었던 주식이며, B주는 외국인들이 상하이거래소에서는 미국 달러로, 선전거래소에서는 홍콩 달러로 매매할 수 있었던 종목이다. 그러나 후강통 시행 후 외국인들의 A주 투자 접근성이 확대되면서 대부분 A주로 전환되었다. 후강통의 시행으로 해외 및 홍콩과 중국 본토 주식시장이 서로 연결되면서 투자 기회가 크게 확대되었다.

2016년에는 선강통이 도입되면서 홍콩거래소와 선전거래소 간 교차 거래가 허용되었다. 상하이거래소와 선전거래소는 1990년에 개설되었으며, 상하이거래소에는 중국 국유기업과 국유은행, 민영은행 등 대형주들이 주로 상장된 반면, 선전거래소는 기술주와 중소형주 중심으로 운영되었다. 전기차 분야 세계 1위 기업인 비야디BYD, 드론 분야 1위 DJI, 중국 기업 전체 시가총액 1위 IT 기업 텐센트 등이 선전거래소에서 성장의 발판을 마련했다. 또한 선전거래소는 스타트업의 자금 조달 창구로서, 중국판 나스닥으로 불리는 창업판創業板, ChiNext을 2009년부터 별도로 운영하고 있다. 한편 2019년 상히이거래소에 기술 혁신 기업 전용 시장으로 과창판科創板이 따로 개설되었고, 이어서 2021년에 중소 기술 기업 전용으로 베이징거래소가 신설되었다.

외국인들에게 중국 기업의 주식 투자를 개방한 제도가 후강통과 선강통이라면, 채권 투자 개방 제도는 채권통債券通, Bond Connect이다. 2017년 중국은 채권통의 첫 번째 단계로 북향 채권통北向通, Northbound Trading을 시행하여 외국인 투자자들이 중국 은행 간 채권시장CIBM, China Interbank Bond Market에 참여할 수 있도록 했다. 이를 통해 외국인은 중국 국채, 정책금융채, 회사채 등에 투자할 수 있는 길이 열렸다. 이후 2021년에는 중국 투자자들이 홍콩 및 글로벌 채권시장에 투자할 수 있도록 남향 채권통南向通, Southbound Trading이 시행되었다. 채권통은 글로벌 투자자들이 위안화 표시 채권 보유량을 확대하는 데 기여했으며, 홍콩이 국제 금융 중심지로서의 역할을 강화하는 데 힘을 실어주었다.

해외 투자자를 위한 제도

중국은 외국인이 자국의 금융자산에 투자할 수 있도록 허용하는 과정에서, 2002년에 적격외국인기관투자자QFII, Qualified Foreign Institution-al Investor 제도를 도입했다. 이 제도는 외국인 투자자가 중국 시장에 접근할 수 있도록 만든 첫 번째 공식적인 정책이었다. 하지만 QFII 제도는 모든 외국인 투자자에게 문을 열어준 것이 아니라, 개인 투자자는 배제하고 기관 투자자들만 중국 금융시장에 투자할 수 있도록 허용했다. 즉, 외국의 연기금, 투자펀드, 보험사 등 전문적인 투자기관이 중국 본토의 A주, 국채, 회사채, 주요 펀드 등에 투자할 수 있는 길을 열어준 것이다.

투자 과정에서는 외화를 위안화로 환전해야 하는 규칙이 있었으며, 외환 관리 규제가 적용되었다. 초기에는 외국인 투자자에게 투자 한도가 설정되어 있었지만, 2022년에 이 한도가 폐지되면서 더 자유롭게 중국 시장에 투자할 수 있는 환경이 조성되었다.

QFII가 외국인 투자자가 중국 시장에 투자할 수 있도록 만든 제도라면, 2011년 도입된 위안화 적격기관투자자RQFII, Renminbi Qualified Foreign Institutional Investor 제도는 해외에서 이미 보유하고 있는 위안화 자금을 중국 본토로 유입할 수 있도록 허용한 제도이다. 이를 통해 환전할 필요 없이 위안화로 투자하는 것이 가능해졌고 홍콩, 싱가포르, 런던 등 주요 글로벌 금융허브에서 위안화 거래가 더욱 활성화되어 위안화 국제화를 촉진할 수 있게 되었다.

후강퉁, 선강퉁에다 채권퉁이 잇달아 열리고, 외국인 투자와 관련된 법규와 제도가 정비되면서 홍콩은 중국 본토로 향하는 외국인투자자들의 통로가 되었다. 홍콩은 중국 금융시장을 개방하는 과정에서 튼튼한 '다리' 역할을 하며 새로운 제도를 도입하기에 앞서 이를 먼저 시행해보는 실험장의 역할을 하기도 한다.

일국양제와 달러페깅의 효과

홍콩을 통한 시장개방 정책에서 보듯이 중국은 철저하게 단계적으로, 점진적으로 시장을 개방하고, 일부 지역을 대상으로 실행하고 나서 범위를 넓혀가는 방식을 고수해왔다. 금융시장과 외환시장 개방 정책은 '거북이 걸음' 식으로 천천히 진행해왔고, 이는 하나의 법칙처럼 자리 잡았다. 중국의 '점진적 개방 정책'이 가능하게 된 배경은 홍콩이라는 진주를 품고 있어서라고 볼 수 있다. 홍콩은 오랜 기간 영국 통치하에서 전통 금융권의 아시아 허브로서 자리를 잡았고 금융 기법과 상품 등 여러 노하우가 축적된 곳이다.

또한 홍콩의 통화는 여전히 홍콩 달러로 미국 달러에 고정되어 Pegging 있는 독특한 성격을 지니고 있다. 1983년 중국 정부와 영국 정부가 1997년 홍콩 반환을 놓고 협상을 시작하자 홍콩 달러 가치가 급격히 떨어지고 해외 투자자금이 빠져나가면서 경제 위기 가능성이 불거졌다. 이를 막기 위해 당시 홍콩 정부가 미국 1달러를 7.8 홍콩 달러로 고정했고 이후 7.75~7.85대 환율을 계속 유지해오고 있다.

민주화 운동이 제재를 당하고 언론 자유가 크게 후퇴하면서 홍콩에 대한 국제 사회의 우려가 높아져 왔다. 미국은 2020년 홍콩보안법 통과를 계기로 통상과 기술 이전, 비자 등에서 홍콩에 부여했던 특별 지위를 박탈하는 결정을 내렸다. 일부 글로벌 자산운용사와 언론사들이 홍콩 사무소를 축소하거나 싱가포르로 이전하는 움직임을 보이기도 했다.

하지만 홍콩은 중국의 특별행정구로서 일국양제로 운영되고 외환시장과 자본시장은 별도의 정책과 제도로 움직이고 있다. 만일 홍콩의 위상이 흔들린다면 가장 큰 타격을 받게 되는 것은 중국이다. 국제적인 금융허브로서의 신뢰도 유지와 글로벌 기업들의 해외 투자 유입을 위해서 중국 당국은 홍콩의 강점을 최대한 활용해야 하는 입장이다. 일부에서 달러 대신 위안화페깅으로 전환해야 한다는 주장이 없는 것은 아니다. 하지만 위안화의 국제 활용도와 기축통화로서 아직은 낮은 존재감을 고려할 때 이는 오히려 홍콩의 강점을 약화시키는 요인으로 작용할 가능성이 더 크고, 금융 정책을 펴는 데 부담을 지울 수 있을 것이라는 의견이 더 지배적이다.

3장

달러 패권을
따라 하는 위안화 전략

페트로위안화,
사우디와 손을 잡다

브레튼우즈 협정으로 달러 체제를 구축한 미국은 1971년 금태환 정지를 선언한 '닉슨 쇼크'로 글로벌 금융시장에서 신뢰 위기에 직면했다. 제2차 세계대전 이후 패권국으로 부상한 미국은 1960년 대 베트남 전쟁의 수렁에 빠져 헤어나지 못했고, 무역적자와 재정적자가 누적되며 경제적 어려움을 겪고 있었다. 당시 금 1온스당 35달러라는 고정환율제하에서, 미국은 달러를 가져오면 금으로 교환해주기로 약속했지만 더 이상 이를 지속할 수 없는 상황에 이르렀다. 프랑스를 비롯한 여러 국가들이 달러를 금으로 바꿔달라고 지속적으로 요구하자 금 보유고 고갈을 우려한 닉슨 대통령은 1971년 8월 15일 일요일, 전격적으로 '금태환 정지'를 선언했다. 닉슨은 "미국을 지키기 위한 불가피한 조치이며, 일반 미국인들에게는 아무런 영향이 없을 것"이라고 강조했다.

이 조치로 글로벌 금융시장은 큰 혼란에 빠져들었다. '금＝달러'를 축으로 한 국제 금융체제가 근본적인 위기를 맞은 것이다. 20여 년간 달러를 중심으로 안정적으로 운영되던 국제 금융질서의 미래가 불투명해졌다. 미국을 비롯한 서방 선진국들은 금 1온스당 달러 가격을 인상하는 방식으로 대응했으나 역부족이었다. 미국의 경제력 약화와 국제적 신뢰도 하락으로 달러 가치 하락은 불가피한 수순이었다.

그러나 잘 알려진 바와 같이, 국제 금융시장은 고정환율제에서 변동환율제로 전환하며 점차 새로운 환경에 적응해갔다. 닉슨 쇼크는 이름 그대로 글로벌 금융질서를 뒤흔들어 놓았지만, 역설적으로 금의 족쇄에서 벗어난 달러는 오히려 국제적 영향력을 강화하는 방향으로 발전했다. 급격히 흔들렸던 달러가 무역과 자본 거래에서 기축통화로서의 지위를 유지할 수 있었던 결정적 계기는 바로 '페트로달러' 체제의 도입이었다.

페트로달러의 교훈

페트로달러 체제는 1974년 미국과 사우디아라비아 간의 합의에서 비롯되었으며, 핵심은 사우디가 원유 거래를 달러로만 결제하는 대가로 미국이 군사적 안보를 보장하는 것이었다. 당시 사우디아

미국의 페트로달러 체제에 중국은 페트로위안화로 도전장을 내밀었다.

라비아는 이스라엘과 이집트·시리아 간의 욤키푸르 전쟁, 1차 오일쇼크, 그리고 이란·이라크를 비롯한 주변국들의 위협 속에서 안보 위기를 겪고 있었다. 불안정한 국제 정세 속에서, 미국은 달러의 기축통화 지위를 공고히 하기 위해 사우디와 협상에 나섰다. 특히 헨리 키신저 국무장관은 사우디 왕실과 긴밀한 외교적 접촉을 통해 석유 시장에서 달러의 독점적 지위를 얻어냈으며, 이는 달러의 국제적 위상을 유지하는 데 결정적인 역할을 했다.

석유수출국기구OPEC를 이끄는 중동의 맹주 사우디아라비아가 원유 결제를 달러로만 하기로 결정하자, 다른 회원국들도 이에 동참했고 중동 원유 거래는 달러를 유일한 결제통화로 사용하는 관행이 확립되었다. OPEC은 1973년 이후 사우디아라비아의 아라비안 라이트유를 기준 원유로 삼았고, 후에 여러 국가의 유가를 바스켓 형식으로 변경했지만 모든 가격은 달러로 표시되었다. 중동산 두바이유, 북해산 브렌트유, 서부텍사스중질유wti 등 전 세계 주요 상품거래소에서 원유 현물과 선물 가격은 모두 달러를 기준으로 산정되었다.

페트로달러를 통해 흔들리던 달러 패권을 안정시킨 역사적 경험은 중국에게 '페트로위안화'의 구상을 펼치게 하는 배경이 되었다. 페트로달러 사례는 페트로위안화의 롤모델인 셈이다. 만약 원유 거래를 위안화로 결제할 수 있다면, 국제 금융과 상품 시장에서 위안화의 위상을 크게 높일 수 있으며, 동시에 미국 중심의 페트로달러 체제에 균열을 가져올 수 있기 때문이다. 이는 단순한 경제적 이익을 넘어 기축통화 질서의 변화라는 상징적 의미를 지닌다.

이러한 전략적 판단 속에서, 중국은 사우디아라비아와 2022년 12월 원유 거래에서 위안화 결제 도입을 추진하는 데 합의했다. 이 소식은 국제 사회에서 큰 반향을 일으켰다. 전통적으로 중동 지역은 미국의 영향력이 강한 곳이었다. 미국이 이 지역의 주요 분쟁을 중재하고 질서를 유지하는 것이 오랜 외교적 관행이었기 때문이다. 그러나 중국이 원유 시장에서 위안화 사용을 확대하는 동시에 중동 외교 무대에서도 적극적인 중재자 역할을 수행하기 시작하면서 새로운 지정학적 변화가 감지되었다.

그 변화는 2023년 3월, 베이징에서 더욱 극적으로 드러났다.

중국의 중재 아래, 중동 질서의 핵심 축인 사우디아라비아와 이란이 외교 관계 정상화에 합의하고, 상호 대사관을 재개설하기로 결정한 것이다. 수니파를 대표하는 사우디아라비아와 시아파 맹주인 이란 간의 화해는 국제 사회에 커다란 충격을 주었다. 특히 왕이 중국 외교부장이 두 나라 대표들의 손을 맞잡게 하는 장면은 1993년 빌 클린턴 대통령이 이스라엘과 팔레스타인의 평화 합의를 중재했던 역사적 순간을 연상시켰다. 이는 단순한 외교적 성과를 넘어, 중국이 미국에 의해 지배되어온 중동 질서의 재편 과정에서 핵심 플레이어로 등장했음을 보여주는 사건이었다.

상품거래소를 통한 위안화 확산 전략

중국은 원유, 금속, 곡물 등 전략 자원의 국제 거래에서 위안화를 기준 통화로 사용하는 것을 목표로 삼고, 상품 시장에서 위안화의 국제화를 적극 추진해왔다. 이 전략의 중심에는 상하이선물거래소 SHFE, Shanghai Futures Exchange가 있다. 1999년 상하이 푸동 금융지구에 설립된 SHFE는 구리, 알루미늄, 아연, 니켈 등 산업 금속과 금, 은 같은 귀금속 선물을 중심으로 한 중국 대표의 전략 자원 선물시장이다. SHFE는 런던금속거래소LME, 시카고상품거래소CME, 대륙간거래소ICE 등 기존 서방 거래소에 대응하여 국제 원자재 가격의 기준을 위안화로 설정하려는 구상을 구체화하고 있다.

특히 상하이 구리선물은 세계 구리 소비의 절반을 차지하는 중국 내 실수요를 기반으로, 글로벌 점유율이 50%에 이르며 LME와 함께 글로벌 시세 기준으로 자리 잡았다. 상하이 금선물 역시 런던 금 가격과 함께 아시아 시장이 열려 있는 시간에 금값을 결정하는 기준 역할을 하고 있다. 이러한 성과는 SHFE가 단순한 참고 지수를 넘어서 국제 가격 결정의 중심으로 부상하려는 전략의 일환이다.

SHFE의 자회사인 상하이국제에너지거래소INE는 위안화 기반의 원유선물을 상장해 외국인 투자자에게 개방했으며, 이를 통해 '중국판 브렌트유'를 육성하고 있다. 실제로 미국과 서방의 제재를 받는 러시아와 이란은 INE의 위안화 기준 가격에 따라 중국과 원유를 거래하고 있어, 위안화 결제 시스템이 제재 우회 수단으로 기능하는 모습도 보인다. 더불어, 2023년 3월에는 상하이석유천연가스거래소SHPGX에서 UAE산 액화천연가스LNG 6만 5,000톤이 위안화로 결제되었는데, 이는 중국이 최초로 위안화로 LNG 현물을 거래한 사례로, 프랑스 토탈에너지스가 서방 기업으로서는 처음으로 위안화 결제를 수용한 점에서 상징성이 크다. 이는 중동산 에너지를 유럽 기업이 중국 플랫폼을 통해 조달했다는 점에서도 국제에너지 시장의 지형 변화를 보여주는 사례로 해석된다.

중국은 브릭스 주요 국가들과의 자원 거래에서도 위안화 표시 선물 및 현물 가격을 적용하려는 움직임을 보이고 있다. 예컨대 러시아와는 원유 및 구리, 브라질과는 철광석 및 알루미늄, 남아프리카공화국과는 금 및 백금, 인도와는 금 거래에서 SHFE의 위안화 시세를 기준으로 활용할 가능성이 열려 있다. 이는 상품 거래에 있어 위안화를 국제 벤치마크로 삼겠다는 중국의 구체적인 외교·경제 전략이기도 하다.

이 같은 움직임은 상하이의 금융허브화 전략과도 맞물려 있다. 상하이에는 귀금속 실물거래를 담당하는 상하이황금거래소, 탄소배출권 및 녹색금융 상품을 다루는 상하이환경에너지거래소SEEE 등 특화된 상품거래소들이 함께 운영되며 기능을 분담하고 있다.

한편, 상하이 외에도 다롄과 정저우 등 다른 지역에도 특화된 상품거래소가 설립되어 있다. 1993년 설립된 다롄상품거래소는 대두, 옥수수, 팜유, 돼지고기 등 농축산물과 플라스틱 원료 중심의 거래를 통해 국내 식량안보 및 수입대체 정책의 조정 창구 역할을 하고 있으며, 말레이시아와의 팜유 가격 연동, 태국과의 천연고무 공급망 연계를 통해 부분적인 국제화 실험도 병행하고 있다. 정저우상품거래소는 밀, 옥수수, 면화, 설탕 등 내수 중심 농산물을 주로 다루며 물가 안정이라는 정책적 목표에 집중하고 있다.

종합하면, 중국은 상하이선물거래소를 중심으로 위안화 기준 상품 가격을 국제 거래에서 표준으로 삼기 위한 전략을 다방면으로 전개하고 있으며, 이를 통해 금융과 실물 무역의 결제·거래 생태계를 위안화 중심으로 재편하려고 시도하고 있다.

중국 버전의 세계은행,
AIIB

베이징에 본부를 둔 AIIB_Asian Infrastructure Investment Bank_는 중국이 주도
하는 아시아판 '세계은행'으로, 중국이 미국 주도의 국제 금융질서
에 맞서 설립한 다자개발은행이다. AIIB는 1,000억 달러의 자본금
과 100여 회원국의 참여를 확보했다. 전 세계 다자개발은행 중 세
계은행에 이어 두 번째로 큰 규모인 거대 금융기관이라 할 수 있다.

AIIB는 세계은행과 아시아개발은행, 아프리카개발은행 등 대
륙별로 존재하는 다자개발은행의 대출 기준과 운영 방식을 따르고
있다. 대부분의 개발은행들은 여러 나라가 참여하며 대체로 미국
과 각 대륙별 주요 선진국들이 주도하는데, AIIB는 중국이 큰 지분
을 보유한 지배주주라는 점이 다르다. 또한 무디스, S&P, 피치 등

글로벌 신용평가회사들이 가장 높은 AAA 신용등급을 부여해 자금 조달 측면에서 강점을 갖고 있다. 자기 자본 비율과 유동성 비율이 높아 재무건전성이 우수하다는 평가를 받고 있다.

미국의 만류에도 불구하고 G7에 속하는 유럽의 독일, 프랑스, 영국, 이탈리아가 AIIB 출범 초기에 참여를 결정했다. 중국과의 긴밀한 경제 관계를 고려한 전략적 선택이었다. 수출시장으로서의 중국은 미국보다 더 큰 비중을 차지할 뿐 아니라, 장기적인 경제협력 관계도 중요하게 고려되었을 것이다.

미국의 동맹국인 한국은, 중국이 주요 참여대상국으로 삼아 다각도로 합류를 요청했다. 중국은 한국에 지분율 4위를 배정하고 부총재 자리를 보장하는 등 한국과의 경제·외교적 관계를 고려했다. 반면 동아시아의 또 다른 미국 동맹국인 일본은 끝까지 참여를 거부했다. 미국과의 관계를 더 중요하게 판단했을 것이며, 아시아권의 다자개발은행인 아시아개발은행ADB을 사실상 일본이 주도하고 있는 점도 영향을 미쳤다. ADB는 본부를 필리핀 마닐라에 두고 있지만, 창설 이래 일본이 총재직을 이어받고 있으며 미국과 일본이 각각 12.78%의 의결권을 보유하고 있다.

전통적인 다자개발은행들이 미국과 서구 선진국들의 공동 주도 방식을 취해온 것과 달리, AIIB는 중국이 압도적인 지분과 영향력을 행사하는 독특한 구조를 가지고 있다. 구체적으로 중국은 전체 의결권의 27.77%를 차지하고 있어 사실상 은행의 의사결정을 좌우할 수 있다. 다만 주요 사안 의결 기준을 95% 이상 찬성으로 설정했고 중국의 거부권은 없는 구조다. 이는 세계은행이나 아시아개발은행과 같은 기존 국제금융기구에서는 미국, 일본, 유럽 국가들이 주요 의결권을 분담하는, 다자간 의사결정 방식과는 다른 접근이다. 중국의 압도적인 지분은 사실상 전략적 금융 외교와 국제 질서 재편 의지를 보여주는 좋은 사례로 볼 수 있다.

위안화 국제화 전략에서 AIIB는 국제금융기구로서 중요한 역할을 해왔다. AIIB는 중국 내에서 발행되는 위안화 표시 채권, 즉 판다본드에 보증을 제공하거나 직접 발행자가 되기도 한다. 물론 달러와 유로화 표시 채권 발행이나 대출의 비중이 더 크지만 위안화의 국제적 위상을 높이는 데 기여하는 바가 크다. AIIB는 2025년 3월 기준 총 306개 프로젝트에 591억 7,000만 달러를 지원했다고 발표했다. 2024년 한 해 동안 51개, 2023년에는 34개 프로젝트에 자금 지원을 확정했다. 특히 인프라 건설과 친환경 프로젝트에 중점을 두고 있으며, 2030년까지 친환경 분야 지원 비율을 50%로 높이는 것을 목표로 하고 있다.

AIIB의 활동과 중국의 일대일로 프로젝트는 구별되지만 상호보완적인 관계를 지닌다. 일대일로는 주로 국책은행과 민간 금융기관의 참여로 추진되는 국가 간 협약에 기반한 개발 프로젝트로, 도로, 항만, 철도, 송유관, 산업단지 등 다양한 인프라 구축을 목표로 한다. AIIB가 주로 아시아 지역에 집중하는 반면, 일대일로는 중앙아시아, 아프리카, 중남미 등 '글로벌 사우스'에 속한 개발도상국들이 주 대상이다. 다만 출범 초기에 이탈리아의 참여에서 볼 수

AIIB 지분 상위 10개국

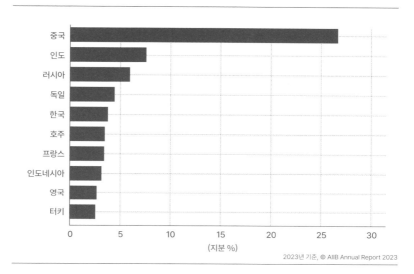

2023년 기준, © AIIB Annual Report 2023

세계은행 지분 상위 10개국

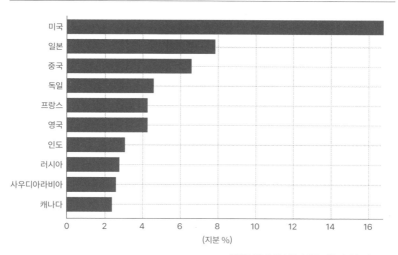

2023년 기준, © World Bank(IBRD) – Shareholding Summary

베이징에 있는 AIIB 본사의 모습. 현재 아프리카와 아시아, 중남미를 비롯해 영국, 프랑스, 독일, 이탈리아 등 일부 유럽 국가를 포함해 106개국이 회원으로 가입되어 있다.

있듯이, 중국과 경제 관계가 밀접하거나 일대일로 프로젝트와 지리적으로 인접한 선진국이 참여하는 경우도 있다.

　AIIB는 출범 이후 세계은행과 ADB 등 기존 다자개발은행들과 다수의 공동 프로젝트를 추진해왔다. 이는 기존 다자개발은행들의 노하우를 활용하고 새로운 프로젝트 발굴에 걸리는 시간을 단축하기 위함이다. 이에 더 나아가 기존 거대 금융기관들의 이른바 관료주의적 비효율을 극복하고자 6개월 내 대출 결정을 약속하며 고용 인원의 적정 수준을 유지하기 위해 노력한다. 이는 대출 승인에 1~2년이 소요되고 과도한 운영비가 지출된다는 비판을 받아온 기존 다자개발은행들과 차별화되는 점이다. AIIB를 통한 금융지원 사례가 늘고 성과가 쌓이면 중국이 더욱 강한 영향력을 행사할 것으로 예상된다.

중국의 전략은 대체로 단계적이고 장기적이다. 다자개발은행 분야에서 AIIB는 2026년에 설립 10주년을 맞게 된다. 설립 초기부터 총재를 맡아 연임한 진리췬金立群의 후임을 선출하게 될 것이다. 진리췬 총재는 중국 재정부에서 오래 근무한 관료 출신으로, ADB 수석부총재와 세계은행 이사를 지냈으며 AIIB 설립준비 사무국의 사무총장을 역임했다. 중국이 어떤 인물을 차기 총재로 내세울지에 따라 중국의 의도가 더욱 명확하게 드러날 것이다. 아직 본격적인 부상의 시기가 아니라고 판단한다면, 무난한 전문가형 인물을 내세우거나 과도기를 이끌 제3국 인사를 선택할 가능성도 배제할 수 없다.

시진핑의 중국몽,
일대일로 프로젝트

일대일로—帶—路, BELT and ROAD INITIATIVE는 2013년 시진핑 주석이 제안한 현대판 실크로드 프로젝트다. 내륙으로는 경제벨트를, 해상으로는 운송로를 통해 모든 나라를 아우르는 경제개발 협력 구상안이다. 중화인민공화국 건국 100주년인 2049년까지 고대 동서양을 연결한 교통로인 실크로드를 현대에 재현하겠다는 원대한 포부가 담겼다. 실제로 중앙아시아, 아프리카, 중남미 등 개발도상국을 중심으로 광범위한 인프라 개발을 추진해왔다. 도로, 철도, 항만 등 건설뿐만 아니라 대규모 산업단지를 조성하거나 디지털 분야 정보통신ICT도 다룬다. 10여 년간 약 1조 달러, 3,000여 건의 프로젝트가 추진되었을 것으로 추정된다. 10여 년이 지난 시점에서 보면 일

세계 지도로 보는 일대일로 프로젝트 주요 국가 및 투자 사례

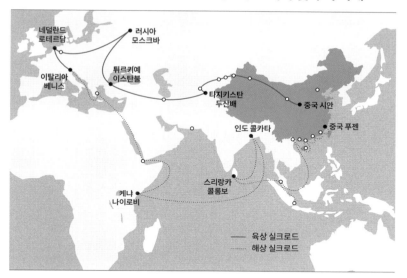

일대일로 프로젝트는 중국이 주도하는 글로벌 인프라 투자 프로젝트이다. 내륙으로는 경제벨트를, 해상으로는 운송로를 통해 아시아, 아프리카, 유럽, 중동, 라틴아메리카 등 전 세계 여러 국가들이 참여하고 있다. 2024년 기준 약 150개국이 참여하고 있다.

대일로는 시진핑 주석의 꿈인 중국몽을 실현하기 위해 반드시 필요한 대외 정책의 큰 그릇이자 바탕이라고 할 수 있다.

위안화의 국제화에 기여

프로젝트별로 구체적인 투자 금액이 상세하게 발표되진 않았지만, 프로젝트 내용만 봐도 그 핵심은 자금이라는 것을 알 수 있다. 중국이 각 나라와 양자 협약을 맺어 프로젝트를 진행하는 과정에서, 국책은행이라 할 수 있는 중국개발은행CDB과 중국수출입은행이 주로 자금을 지원한다. 자금 지원 조건은 협상에 따라 달라지고 중국의 국유기업과 공기업이 주요 시공사로 참여하는 경우가 많다. 중국 자금이 투입됨에 따라 위안화 대출이 이뤄지고, 자연스럽게 위안화의 국제적 사용도 확대되고 있다. 주로 장기 대출이어서 오랜 기간 원금과 이자 상환이 이뤄지는 과정에서 현지 국가들이 위안화를 사용하거나 축적할 기회가 확대된다. 각 나라들이 자금 수요에 따라 위안화 표시 채권을 발행할 수도 있다. 일대일로 프로젝트는 애초부터 위안화 국제화를 목표로 착수되었다고 단정할 수는 없다. 하지만 결과적으로 위안화의 역외 사용이 확대되는 중요한 기반이 된다.

AIIB는 일대일로 프로젝트 참여국들의 주요 대출 창구로 기능하며 위안화 국제화에 기여하고 있다. 개발도상국의 인프라 건설을 주목적으로 하는 특성상, 파키스탄, 인도네시아, 방글라데시, 우즈베키스탄, 카자흐스탄, 이집트 등 다양한 국가들이 AIIB로부터 자금을 지원받았다. AIIB는 세계은행, ADB 등 기존 국제금융기구와의 협력을 통해 프로젝트를 추진하는 전략을 채택했다. 이를 통해 선배 격인 기존 다자개발은행들의 풍부한 경험을 활용하고 프로젝트 진행 속도를 높이는 이점을 확보했다. AIIB와 일대일로 프로젝트는 모두 중국이 주도하는 이니셔티브이기 때문에 자연스럽게 겹치게 된다.

이러한 중첩 현상이 발생하는 근본적인 이유는 신흥국들의 가장 시급한 필요가 인프라 개발이라는 점과, AIIB의 106개 회원국과 일대일로의 150여 참여국 사이에 많은 국가가 공통적으로 포함되어 있기 때문이다. 따라서 두 이니셔티브가 같은 국가에서 유사한 프로젝트를 진행하는 것은 불가피한 현실이다. 그러나 AIIB는 공식적으로 자신들이 중국만을 위한 기관이 아니며, 일대일로 프로젝트에 직접적인 자금을 지원하지 않는다는 입장을 고수하고 있다.

일대일로에 담긴 시진핑의 꿈

"다른 사람을 돕는 것은 곧 자신을 돕는 것이기도 합니다." 시진핑 주석이 2023년 10월 베이징에서 열린 '일대일로 10주년 정상포럼'에서 사실상 미국을 겨냥한 발언을 했다. "다른 사람의 발전을 위협으로 보고 경제적 상호 의존을 리스크로 보면 자신의 삶을 개선하거나 더 빨리 발전할 수 없습니다"라며 미국의 공세적 봉쇄를 문제 삼고 중국을 중심으로 한 경제적 상호 의존의 중요성을 강조했다. 러시아 푸틴 대통령, 인도네시아 조코 위도도 대통령을 비롯해 150여 개국 1만여 명이 참석한 거대 회의에서 미국을 향한 속내를 비친 것이다.

　중국은 부인하지만 일대일로 프로젝트는 국제 질서에서 중국의 영향력을 확대하는 핵심 전략으로, 경제적 협력을 넘어 지정학적 의미를 지닌다. 현재 미중 관계는 첨예한 대결 국면에 있다. 미국의 공세적 봉쇄에 대해 중국은 물러서지 않고 강력히 대응하고 있다. 왕이 외교부장은 서방의 글로벌 인프라 프로젝트와 경쟁할 의지를 분명히 했다. "누가 더 많은 도로, 철도, 다리를 건설할 수 있는지, 누가 더 많은 학교, 병원, 경기장을 지을 수 있는지, 중국이 해낼 수 있다고 확신한다"고 말했다. 일대일로 프로젝트의 최대 수혜국인 파키스탄의 한 의원은 미국은 테러와의 전쟁에 6조 달러를 썼고, 중국은 같은 기간에 1조 달러를 3,000여 프로젝트에 투입했다고 중국을 치켜세우는 발언을 했다. 일대일로는 중국 국책은행과 국영기업을 중심으로 추진되는 만큼 개발도상국들과의 외교적 유대를 강화하는 핵심 수단이 되었다. 이를 통해 유엔UN 등 국제기구에서 중국의 발언권이 커졌다. 파키스탄 의원의 말처럼, 중국은 군사가 아닌 경제 중심의 접근으로 국제 사회에 차별화된 전략을 보여주고 있는 것이다.

국가별 대응은 다양하다. 이탈리아는 주세페 콘테 총리 때인 2019년 유럽연합 국가 중 처음으로 일대일로에 합류했다. 중국 기업들이 이탈리아 브랜드를 사들이고, 현지에서 가방, 의류 공장을 인수하거나 경영하는 등 중국과의 경제 관계가 밀접했기 때문이다. 당시 이탈리아에는 대규모 인프라 투자가 필요한 여건이었지만 높은 공공부채가 발목을 잡고 있었다. 중국의 투자를 유치하고 중국 시장 진출 기회를 늘린다면 이탈리아가 경제적 실익을 얻을 수 있다는 판단이었다. 다른 유럽 국가들은 중국의 '채무 외교'에 노출될 우려가 크고, 유럽의 전략적 자산이 중국으로 넘어갈 수 있다고 우려했다. 나중에 이탈리아 정권이 교체되어 멜로니 총리가 집권한 후 2023년 말 일대일로 탈퇴를 선언했다. 이로 인해 유럽 주요 국가로 확장하려는 중국의 야심은 멈췄지만 G7 국가가 처음으로 일대일로에 합류한 것은 상징적인 의미가 컸다.

한편, 인도는 육로로나 해상으로나 일대일로의 중요한 통로에 자리잡고 있지만 중국의 요청에 응하지 않았다. 인도 자체적으로 마련한 신흥국과의 경제협력 구상을 토대로 루피화 경제권 구상을 추진해왔기 때문이다. 다만 독자적인 경제협력 구상을 추진하면서도 AIIB에는 가입해 여러 인프라 프로젝트에 자금지원을 받고 있다.

부채의 덫인가, 인프라 지원인가

일대일로를 둘러싸고 여러 가지 문제점이 불거지고 있는 것도 사실이다. 국가가 감당하기 어려울 정도로 채무 부담이 늘어 일부 프로젝트는 지속하기 어려운 상태이고, 부패 문제나 국가 내부 사정으로 프로젝트가 중단되거나 취소된 사례도 있다.

스리랑카 함반토타Hambantota항 프로젝트는 '부채의 덫 외교' 논란의 대표적 사례로 꼽힌다. 중국수출입은행이 14억 달러의 차관을 제공하고, 중국 국영기업인 차이나 머천트 포트 홀딩스가 시공을 담당한 이 프로젝트는 일대일로 사업의 대표적인 대형 인프라 사업으로 꼽혔다. 그러나 항만이 완공된 후에도 글로벌 선사들이

스리랑카 함반토타 항의 모습. 중국 일대일로 프로젝트의 대형 인프라 사업으로 꼽혔으나 '부채의 덫 외교' 논란을 일으켰다. 이 사업으로 인해 스리랑카는 중국에 막대한 채무를 지고, 99년간 항구의 운영권도 양도하게 되었다.

기존의 스리랑카 최대 항구인 콜롬보항을 더 선호하면서 함반토타 항은 예상했던 물동량 확보에 실패했고 결국 채무 상환을 못하게 되었다.

2017년까지 스리랑카는 중국에 80억 달러 이상의 채무를 지게 되었고, 결국 함반토타 항구의 운영권을 99년간 중국 회사에 양도하는 계약을 체결했다. 이로 인해 스리랑카 내에서는 중국이 자국의 자산을 빼앗아갔다는 여론이 확산되면서 반중 정서가 고조되

미중 화폐전쟁

었고, 정치권도 이에 가세했다. 미국과 인도는 중국 해군 함정이 항구 안전을 명분으로 기항할 가능성에 깊은 우려를 표명했다.

2022년 5월, 스리랑카는 외환보유액이 15억 달러에 불과한 반면 대외 부채는 510억 달러에 달하게 되자 국가 부도를 선언했다. 이후 2년간 IMF와 채권단과의 협상을 통해 2024년에는 기존 채무 125억 달러를 91억 달러로 조정하고, 원금 삭감과 이자율 인하에 합의했다. 협상 과정에서 중국은 채무 감면 대신 새로운 대출로 기존 부채를 갚는 차환 방식을 고수하여 협상이 장기간 난항을 겪었다. 이는 스리랑카와 채무 탕감에 합의할 경우, 유사한 상황에 처한 다른 국가들도 동일한 조건을 요구할 수 있다는 우려 때문이었다.

라오스, 타지키스탄, 파키스탄 등 여러 국가들도 유사한 재정적 어려움을 겪었다. 도로, 철도, 항만 등 주요 인프라가 건설되었다고 해서 끝이 아니다. 주변 도시나 산업단지가 활성화되지 않으면 무용지물이기 때문이다. 일대일로 프로젝트에 참여한 국가들이 그러한 현실을 마주했다. 중국이 경제적 타당성을 충분히 검토하지 않은 채 과도한 대출을 제공하고, 상환이 어려워지면 주요 자산을 확보하는 전략을 취했다는 비판을 받았다.

이러한 도전에 직면하여 중국은 일대일로 전략을 근본적으로 재조정하고 있다. 대규모 인프라 투자에서 중소형 친환경 프로젝트로 전환하고, 신재생에너지, 디지털 경제, 공공의료 분야에 집중하고 있다. 더불어 글로벌 개발 이니셔티브GDI, 글로벌 안보 이니셔티브GSI, 글로벌 문명 이니셔티브GCI라는 새로운 3축 전략을 통해 국제 질서에서의 입지를 재구축하려 한다. 구체적으로 GDI는 신흥국의 교육, 보건, 기후위기 대응을 지원하고, GSI는 협력적 안보 모델을 주장하며, GCI는 서구식 민주주의 모델 대신 각국의 고유한 발전 모델을 존중해야 한다고 주장한다. 미국식 모델이 아닌 '중국식 모델'을 글로벌사우스의 중심으로, 신흥국으로 확산시키려는 야심을 숨기지 않고 있다. 일대일로의 새로운 세 가지 이니셔티브를 자세히 보면 궁극적으로 중국의 글로벌 영향력을 확대하고 국제 질서에서 위상을 높이려는 전략이 오롯이 담겨있다.

비장의 무기,
SWIFT 대체 노리는 CIPS

위안화 패권을 노리고 중국이 가동하고 있는 비장의 무기로 국경 간 결제망인 CIPS Cross-border Interbank Payment System를 꼽을 수 있다. 2015년에 시작된 이 서비스는 중국이 주도하고 있어, '위안화 국제결제시스템'이라고 부르기도 한다. 실제로도 미국을 비롯한 서방 선진국들이 주도하는 기존 국경 간 결제망인 SWIFT Society for World-wide Financial Telecommunication 체제에 도전장을 내밀고 있는 모양새다.

  전통적으로 국제 금융거래의 핵심 인프라였던 SWIFT는 사실상 전 세계 모든 주요 은행들이 참여하는 글로벌 결제 통신망이다. 대부분의 국가와 금융기관들은 국제 거래를 위해 SWIFT 시스템에 의존하고 있으며, 우리나라의 민간 및 국책은행 역시 예외는 아니다. SWIFT 결제망에 가입한 모든 은행들은 SWIFT 코드를 갖고 있다. 세계 거의 모든 교역국들이 참여하고 있다 보니, 만약 SWIFT 망에서 강제적으로 제외된다면 국가적으로 큰 타격이 아닐 수 없다. 상상으로만 끝났으면 하는 그 일이 실제로 일어났다. 2000년대 들어 전쟁과 테러, 핵무기 개발 등의 정치적 이유로 러시아와 이란, 북한이 SWIFT 제재 조치를 받았다.

러시아는 2014년 크림반도 병합 이후 서방 제재에 대비해 자체 결제 시스템인 SPFS System for Transfer of Financial Messages 를 개발했다. 이 시스템은 SWIFT와 유사한 기능을 가지며 러시아 내 주요 금융기관들이 사용하고 있다. 특히 2022년 우크라이나 전쟁 이후 러시아가 SWIFT에서 배제되면서 SPFS 활용이 급증했다. 러시아는 중국 CIPS와 연계하고, 비서방국들과의 결제를 위한 디지털 루블 개발도 추진하고 있다.

이란은 2012년과 2018년 두 차례에 걸쳐 SWIFT에서 차단되면서 자체 결제 시스템인 SEPAM Seperhr Electronic Payment Messaging 을 개발했다. 이란 중앙은행이 운영하는 이 시스템은 주로 국내 금융망 중심이지만, 러시아 및 중국과 협력하여 국제 결제망과 연계하려는 시도를 지속하고 있다. 이란은 또한 암호화폐를 활용한 국제 결제 방안도 검토 중이다.

서구 주도의 금융 결제 시스템에서 언제든 제외될 수 있다는 잠재적 위험이 고조됨에 따라 중국이 서둘러 CIPS 개발에 나서게 되었다.

SWIFT vs. CIPS 주요 특징 비교

	항목	SWIFT	CIPS
1	출범 연도	1973년	2015년
2	본부 위치	벨기에 브뤼셀	중국 상하이
3	주도국	서방 선진국 중심	중국
4	참여국 수	200여 개국 이상	직간접 포함 110여 개국
5	지원 통화	각국 통화이되 달러 중심	위안화 중심
6	주요 기능	국제 결제 메시지 전달	국제 위안화 결제 및 메시지 전달
7	운영 시간	시간 제한 있음	24시간 운영 (Cross-border RBM)
8	시스템 성격	메시지 네트워크 중심	결제 + 메시지 통합 플랫폼
9	주요 특징	비은행기관도 접근 가능, 미국이 제재 수단으로도 활용	중국 주도, BRI 국가들과 연계, SWIFT와도 연결

© SWIFT, CIPS 공식 홈페이지 기반

185개국 가입해 고속 성장

CIPS는 2025년 1월 기준으로 119개국 은행들이 직접참가자나 간접참가자로 가입했으며, 185개국 4,800개 금융기관과 네트워크를 구축했다. 200여 개국에 1만 5,000여 개 은행이 참여하고 있는 SWIFT에 비하면 절대적으로 부족한 수치이지만 그럼에도 CIPS

는 2014년 1단계 서비스 출시 이후 급속한 성장세를 보이고 있다.

　　CIPS의 직접참가자는 169개, 간접참가자는 1,467개에 달한다. 간접참가자 분포를 살펴보면, 아시아 지역이 중국의 560개사를 포함해 총 1,075개로 가장 큰 비중을 차지하며, 유럽은 255개 기관이 참여하고 있다. 중국의 4대 국유은행과 주요 상업은행, 국책은행, 금융 인프라 기업들은 모두 CIPS 출범 시점부터 핵심 역할을 담당해왔다.

　　글로벌 금융기관들의 참여도 두드러진다. HSBC, 씨티은행, 스탠더드차터드은행, 도이치은행, JP모건, BNP파리바 등 미국과 유럽의 주요 은행들이 중국 현지법인을 통해 참여하고 있다. 또한 미쓰비시UFJ파이낸셜그룹MUFG, 미쓰이스미토모은행, 미즈호은행 등 일본의 3대 은행과 싱가포르의 DBS, 호주의 ANZ 등도 현지법인을 통해 CIPS에 참여하고 있다.

　　CIPS는 디지털 위안화와 연계하여 국경 간 결제에서 디지털 위안화 사용을 확대하는 데 핵심적인 역할을 맡게 될 것으로 예상된다. CIPS는 상하이를 국제 금융허브로 자리매김하고, 중국 금융산업의 개방과 일대일로 프로젝트 지원을 주요 임무로 제시하고 있다. CIPS는 '위안화가 있는 곳에 CIPS 서비스가 있다'라는 슬로건을 내세우며, 글로벌 위안화 지급 결제 플랫폼으로 도약하겠다는 목표를 설정했다. 위안화 국제화 과정에서 국경을 넘나드는 위안화 결제의 '글로벌 고속도로'로 자리매김하겠다는 의지를 분명히 보여주고 있다.

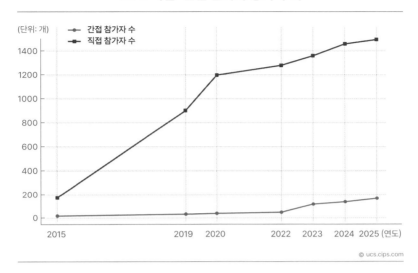

CIPS 직접·간접 참가자 증가 추이

(단위: 개)
- 간접 참가자 수
- 직접 참가자 수

1400
1200
1000
800
600
400
200
0

2015   2019 2020   2022 2023 2024 2025 (연도)

© ucs.cips.com

CIPS 시스템에 직접 접속해 결제를 처리하는 금융기관인 직접 참가자 수는 2025년 기준 약 170개, 직접 참가자를 통해 시스템에 접근하는 간접 참가자 수는 약 1,497개이다. 참가자 수가 빠르게 증가하고 있다는 점에서 CIPS는 위안화 국제화 전략의 핵심 인프라로 자리잡고 있다고 볼 수 있다.

그러나 미국 트럼프 2기 행정부의 강경한 대중국 정책으로 인해 CIPS가 큰 위협에 직면했다. SWIFT를 우회하여 러시아 등이 CIPS를 통해 결제하는 것을 미국이 용인할지, 아니면 제재를 가할지가 주요 변수가 될 전망이다. 만약 제재를 실행한다면 어떤 대상을 겨냥하고 어디까지 범위를 확대할지 주의 깊게 지켜봐야 할 것이다.

비자와 마스터카드의
자리를 노리는 유니온페이

유니온페이UnionPay는 이름만 보면 언뜻 간편결제 플랫폼처럼 보인다. 그러나 실제로는 비자카드, 마스터카드 두 회사가 장악하고 있는 글로벌 신용카드 시장에 도전장을 던진 중국의 글로벌 카드회사 브랜드다. 중국 이름은 은련카드다. 한국도 국내에서는 여러 금융 서비스 회사의 카드를 이용해서 결제가 가능하지만, 해외로 나갈 경우에는 예외없이 비자카드나 마스터카드를 이용해야 한다. 미국이 지배하는 모든 것에 맞짱을 뜨고자 하는 중국이 글로벌 카드 결제 네트워크인 유니온페이를 출범시킨 것이다. 이는 마치 미국이 주도하는 빅테크 플랫폼 회사들인 GAFAGoogle, Apple, Facebook, Am-azon에 맞서 중국이 BATHBaidu, Alibaba, Tencent, Huawei를 육성해온 것과 유사한 전략이다.

현금 없는 사회로의 전환이 가속화되면서 중국에서 디지털 결제는 일상적인 관행으로 자리잡았다. 중국 정부는 금융 결제 주권을 강화하고 비자와 마스터카드 같은 외국 기업에 대한 의존도를 줄이기 위해 유니온페이를 설립했다. 초기에는 중국의 중앙은행인 중국인민은행의 지원을 받았으며, 다양한 중국 금융기관들의 협력을 통해 발전해왔다.

유니온페이의 성장 전략은 다각도로 펼쳐졌다. 중국 내에서 신용카드, 직불카드, 현금카드 결제의 표준 플랫폼으로 자리 잡은 후, 2024년 말 기준 180여 개국에서 7,000만 개 이상의 가맹점을 확보했다. 유니온페이의 가장 큰 경쟁력은 상대적으로 낮은 수수료다. 2025년 3월 기준 해외 브랜드 수수료는 0.6~0.8%, 해외 서비스 수수료는 0.25%를 받고 있다. 이에 비해 비자와 마스터카드의 해외 브랜드 수수료는 1.0~1.1%으로 유니온페이에 비해 높고, 해외 서비스 수수료는 0.25%로 동일하다. 더불어 유니온페이는 중국 내에서 모바일 기반 QR코드 결제도 가능해 알리페이, 위챗페이와 경쟁 중이다. 생체 인식을 기반으로 한 결제기술이나 근거리 무선통신망을 활용하는 등 새로운 기술을 반영하고 있다.

브릭스 회원국들과의 전략적 협력도 주목할 만하다. 유니온페이는 우크라이나 침공 이후 비자와 마스터카드가 철수한 러시아에서는 미르MIR 결제 시스템과 연계하여 서비스를 제공하고 있다. 브라질에서는 2006년부터 현금출납기ATM에서 바로 사용할 수 있는

중국어로 '은련카드銀联卡'로 표기하는 유니온페이는 중국의 대부분 은행과 금융기관이 참여하는 카드결제 네트워크로 시작해 글로벌 결제 시스템으로 위상을 굳혔다.

가 하면, 인도에서는 2018년 인도중앙은행RBI 승인을 받아 루페이RuPay 네트워크와 연결해 현지 통화인 루피로 ATM과 포스POS 결제가 가능해졌다. 남아프리카공화국에서는 현지 가맹점을 확보해 현지 화폐인 랜드 기반의 결제 서비스를 늘리고 있다. 유니온페이는 또 유럽 내 주요 관광지나 중국인들이 자주 왕래하는 동남아시아나 미국 일부 지역에서 제한적이나마 결제 서비스를 제공하고 있다.

발급 수에서 비자와 마스터카드를 앞서다

유니온페이는 디지털 위안화, QR코드 결제, 모바일 결제 등을 유기적으로 연결하며 디지털 결제 생태계와의 통합을 강화하고 있다. 2024년 말 기준, 중국 본토 외 84개국에서 2억 5,000만 장 이상의 유니온페이 카드가 발급되었으며, 전 세계 183개국에서 가맹점을 통해 사용이 가능하다. 또한 유니온페이는 글로벌 모바일 결제 서비스를 제공하며, 36개국에서 약 200개의 전자지갑 협력사를 보유하고 있다. QR코드 결제는 45개국에서 4,000만 개 이상의 가맹점을 통해 이용할 수 있다.

한국에서는 모든 신용카드사가 유니온페이 글로벌 카드를 발급하고 있으며, 2024년 말부터 네이버페이 등과 협력해 전자지갑을 통한 QR결제가 가능해졌다. 태국의 방콕은행 모바일뱅킹, 말레이시아의 ICBC페이 등 해외 전자지갑과도 연계해 유니온페이 기반의 전자지갑 사용자들이 중국 방문 시 QR코드 결제를 쉽게 이용할 수 있도록 지원하고 있다. 결제 과정에서 자동으로 각국 화폐가 위안화로 환전되는 시스템도 갖추고 있다. 또한, 유니온페이는 핀둬둬, 메이톤, 시트립 등 주요 이커머스 플랫폼과 연계해 해외에서 발급된 유니온페이 카드 사용자들이 온라인에서도 결제할 수 있도록 서비스를 확대하고 있다.

유니온페이는 전 세계적으로 발급된 수에서 비자나 마스터카드를 앞서고 있다. 그러나 결제 건수 측면에서는 비자와 마스터카드가 여전히 우위를 점하고 있다. 2023년 기준으로 유니온페이는

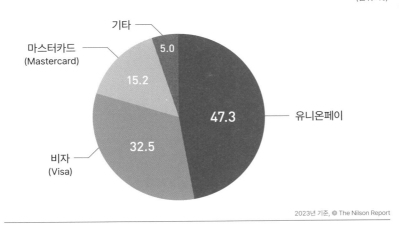

글로벌 신용카드 시장 점유율

(단위: %)

기타 5.0
마스터카드 (Mastercard) 15.2
유니온페이 47.3
비자 (Visa) 32.5

2023년 기준, © The Nilson Report

유니온페이 발급과 사용은 거의 중국 내에 집중되어 있지만, 수억 장의 카드가 발급되면서 물리적 카드 수나 소비액 기준에서는 세계 최대 규모이다.

전 세계적으로 2,280억 건의 결제를 처리하여 비자(2,670억 건)에 이어 2위를 차지했다. 2024년 글로벌 카드 브랜드 선호도 조사에서는 비자가 43%로 1위를, 마스터카드가 24.6%로 2위를 차지하며 높은 선호도를 보이고 있는 반면, 유니온페이는 4.3%로 상대적으로 낮은 선호도를 보였다. 글로벌 가맹점 네트워크, 브랜드 인지도, 해외 소비자 서비스, 금융 규제 등에서 낮은 평가를 받은 것으로 보인다.

이를 돌파하기 위해 유니온페이는 지금처럼 QR코드 결제 및 전자지갑 협력을 확대하며 점진적으로 글로벌 시장에서 영향력을 키워가는 것과 동시에 잠재적인 위험도 높아지고 있다. 미중 간 긴장이 고조되면, 미국은 유니온페이를 금융제재의 대상으로 삼을 수 있다. 위안화 중심의 금융체제를 견제하기 위한 압박이 언제든 가해질 수 있는 상황이다.

유니온페이의 탄생과 성공은 단순한 결제 시스템을 넘어, 미국 중심의 글로벌 금융체제에 대한 중국의 도전이자, 금융 주권을 강화하려는 전략적 노력의 결과이며, 글로벌 금융 패권을 둘러싼 치열한 경쟁의 축소판이라 할 수 있다. 디지털 시대의 새로운 금융 질서를 위한 중국의 또 다른 도전이기도 하다.

신용평가사
'다궁'의 도전

글로벌 시장에서 성공적인 자금 조달을 위해서는 신뢰할 수 있는 신용등급 확보가 필수적이다. 신용평가 시장은 사실상 미국의 무디스와 S&P, 영국의 피치 등 세 개의 회사가 90% 이상을 점유하고 있다. 이는 미국이 달러 중심의 금융체제를 구축한 이후 오랜 기간 유지돼온 구조다.

이 독점적 지배구조에 도전한 국가가 중국이다. 특히 2008년 글로벌 금융위기와 2010년 유럽 재정위기를 계기로 기존 신용평가 회사들이 위기를 예측하지 못하고 공정성을 잃었다는 비판이 제기되면서, 중국은 자체 신용평가 시스템 구축의 필요성을 더욱 절감했다. 기존 글로벌 신용평가사들이 중국 국유기업과 국가 신용등급을 편향적으로 평가한다는 문제의식도 작용했다.

이에 중국은 1994년 설립된 다궁국제자산평가Dagong Global Credit Rating(이하 다궁)를 통해 독립적인 신용평가 시스템을 구축하려 했다. 중국은 '공정함과 정의로운 평가를 한다'는 뜻으로 다궁★☆이라는 이름을 내세웠다. 기존 글로벌 신용평가사들이 미국과 서방 중심의 금융 시스템을 반영한 평가를 내리고 있다고 비판하면서, 다궁은 자체적인 기준을 내세웠다.

2010년 다궁은 50개국을 대상으로 한 첫 신용평가 보고서를 발표했는데, 글로벌 빅3 신용평가사들의 기존 평가방식과 등급이 크게 달랐다. 경제 성장률과 국가 자산 보유량을 주요 기준으로 삼고, 국가 부채 부담보다는 자원 및 경제적 잠재력을 강조했다. 그 결과, 노르웨이와 덴마크가 1·2위, 중국이 10위, 미국은 13위로 평가되었다. 미국의 등급 하락 사유로는 '경제 성장 둔화와 자금 조달 비용 증가'가 지목되었으며, 일본·영국·한국 등 미국의 주요 동맹국들도 낮은 평가를 받았다. 반면, 러시아·중동·아프리카 국가들은 원유 및 천연가스 등 자원 보유량과 중국과의 경제적 협력을 근거로 높은 등급을 받았다.

2013년 다궁은 유럽증권시장감독청ESMA의 인가를 받아 유럽 시장에 진출했으며, 이탈리아 밀라노에 법인을 설립하고 프랑크푸르트에 지사를 두었다. 이는 유럽 투자자들이 중국 금융상품에 투자하도록 유도하려는 전략의 일환이었다. 하지만 이에 앞서 2010년 미국 증권거래위원회SEC에 신용평가기관 등록을 신청했을 때는 승인을 받지 못했다.

　다궁의 도전은 외부의 견제보다는 내부 문제로 인해 좌초되었다. 2018년, 중국 당국은 이해 충돌, 허위 보고서 제출, 내부 관리 부실 등을 이유로 다궁의 신용평가 업무를 정지시켰으며, 이후 국유화했다. 이는 신용평가의 핵심이 독립성과 공정성임을 감안할 때 다궁의 한계를 여실히 보여준다. 기존 글로벌 신용평가사들도 미국과 영국에 기반을 두고 있지만, 민간 기업 형태로 운영되며 정부로부터 독립성을 유지하고 있다. 실제로 S&P는 2011년 미국 연방정부의 부채한도 협상 지연을 이유로 미국의 국가 신용등급을 AAA에서 AA+로 하향 조정한 바 있으며, 무디스 역시 2023년 11월 미국의 신용등급 전망을 '안정적'에서 '부정적'으로 변경했고, 2025년 5월 Aaa에서 Aa1으로 등급을 한 단계 낮췄다. 이러한 조치는 논란을 불러일으켰지만, 동시에 이들 평가사의 독립성과 자율성을 입증하는 사례로 꼽힌다.

　아이러니하게도, 다궁은 자신이 비판했던 정치적 편향성을 그대로 답습했다. 기존 신용평가사들이 편향적이라며 문제를 제기했지만, 정작 자사의 신용평가에서도 특정 국가에 유리한 평가를 내렸다는 점에서 더 큰 신뢰 문제를 드러냈다. 또한 내부 통제와 데이터 신뢰성에서 치명적인 결함이 드러나면서 결국 실패로 귀결되었다. 이는 기업의 실패를 넘어 신용평가의 본질적 가치가 무엇인지에 대한 중요한 교훈을 남겼다.

　그렇다고 해서 중국의 도전이 끝난 것은 아니다. 2024년 베이징에서 열린 중국-아프리카 협력포럼FOCAC에서, 중국은 아프리카 국가들을 위한 독립적인 신용평가기관 설립을 지원하겠다고 발표했다. 아프리카연합AU은 기존 글로벌 신용평가사들이 아프리카 국가들에게 지나치게 낮은 신용등급을 부여해 자금 조달 비용을 높이고 있다고 비판해왔다. 중국은 이를 기회로 삼아 아프리카를 대상으로 하는 새로운 신용평가 체계를 구축하려고 한다. 이는 단순한 금융 지원이나 시스템 구축이 아니라 중국의 글로벌 영향력 확대를 위한 장기적인 전략으로 봐야 할 것이다.

2부

위안화
영토 넓히기

4장

서방 주도 국제 질서의
재편 전략, 브릭스

G7에 대항하는
신흥국들의 협력체

달러 패권에 대항하는 중국의 도전이 역부족이라고 느껴진다면, 브릭스를 주목할 필요가 있다. 브릭스는 2001년 골드만삭스의 경제학자 짐 오닐Jim O'Neill이 브라질Brazil, 러시아Russia, 인도India, 중국China을 지칭하는 용어로 처음 사용한 것이 그 시작이었다. 그는 이 네 국가가 향후 세계 경제 성장의 중심이 될 것이라 예상했고, 이러한 개념이 확산되면서 2006년 이들 국가 간 공식 협의체가 출범하게 되었다. 이후 2010년 남아프리카공화국South Africa이 합류하면서 BRICs에서 BRICS로 명칭이 변경되었고, 본격적인 국제협력체로 발전하게 되었다.

브릭스의 출범 배경에는 공통된 경제적, 정치적 목표가 자리하

브릭스 vs. G7 주요 경제지표 비교

항목	브릭스	G7
회원국 수	5개국	7개국
총 GDP (명목, USD)	약 28조 달러	약 45조 달러
총 인구 수	약 32억 명	약 7억 명
1인당 GDP (USD)	약 8,800달러	약 64,000달러
외환보유액	약 5.5조 달러	약 1.5조 달러
무역 총액 (수출 + 수입)	약 9.4조 달러	약 12.1조 달러
천연자원 보유량	높음 (석유, 가스, 희토류 등)	중간 (자원 수입국 비중 큼)
국제기구 내 영향력	AIIB, NDB 등을 통한 점진적 확대	IMF, OECD 등을 통한 기존 주도적 위치 확보

© IMF World Economic Outlook, WTO World Trade Statistical Review

단순 수치만 보면 브릭스는 G7에 비해 약하게 보일 수 있다. 하지만 빠른 경제 성장을 이뤄온 신흥국들의 발언권을 모으고 행사한다는 점에서 잠재력이 크다.

고 있다. 기존 국제 질서는 미국과 서유럽 중심의 G7이 주도해왔으며, 신흥국들은 이에 대한 대안을 모색할 필요성을 느꼈다. 특히, 글로벌 금융 시스템에서 신흥국들이 더 큰 발언권을 갖고 자국의 경제적 이익을 보호하기 위해 협력해야 한다는 인식이 강해졌다. 브릭스 국가들은 빠른 경제 성장을 이뤄온 공통점을 바탕으로, 금융, 무역, 투자, 개발 협력 등 다양한 분야에서 협력해 나가고 있다.

시간이 흐르면서 브릭스는 점점 더 강력한 경제협력체로 성장했다. 2009년부터 정상회의를 정기적으로 개최하며, 회원국 간 무역과 금융 협력을 강화하는 방안을 논의하고 있다. 2014년에는 신개발은행NDB, New Development Bank을 설립하여 기존 서구 금융체제에 의존하지 않고 자체적인 금융 지원 체계를 구축했다.

최근 브릭스의 규모는 더욱 커지고 있다. 2024년에는 이집트, 에티오피아, 이란, 아랍에미리트가 새롭게 가입하면서 회원국 수가 9개국으로 증가했고, 2025년에는 인도네시아가 동남아시아 최초로 브릭스 회원국이 되었다. 이처럼 브릭스가 점점 더 많은 국가들을 포용하는 방향으로 나아가면서, 브릭스플러스BRICS Plus라는 개념이 등장하기도 했다. 현재 약 30여 개국이 브릭스 가입을 희망하거나 경제 협력 강화를 추진하고 있으며, 이를 통해 브릭스는 단순한 경제 블록을 넘어 국제 경제 질서에서 중요한 역할을 수행할 수 있는 큰 잠재력을 갖고 있다.

서방 금융에 도전하는
브릭스의 금융 네트워크

월드뱅크의 대항마, NDB

신흥국과 개발도상국의 인프라 및 지속가능한 개발을 지원하기 위해 2015년 공식 출범한 신개발은행, NDB New Development Bank 는 브릭스 5개국이 설립한 다자개발은행으로, 본부는 중국 상하이에 위치하고 있다. 초기 승인 자본금은 1,000억 달러로 설정되었으며, 각 창립 회원국들은 균등한 비율로 출자했다. 세계은행에 대응하는 개발 금융기관으로 자리 잡은 NDB는 회원국 확대를 지속해 2021년 이후 방글라데시, 이집트, 아랍에미리트, 우루과이를 신규 회원국으로 받아들였다.

이 은행은 창립 5개국의 지분이 최소 55% 이상 유지되도록 설계되어 있으며, 신규 회원국이 가입하더라도 기존 회원국의 주도권이 크게 영향을 받지 않도록 하고 있다. 2025년 기준, 브릭스 5개국은 각각 18.98%씩 총 94.9%의 지분을 보유하고 있으며, 방글라데시, 이집트, UAE 등 신규 회원국은 5.12%의 지분을 나눠 갖고 있다. 향후 신규 회원국이 추가될 경우 기존 회원국들의 지분이 조정될 전망이다.

NDB는 전통적인 국제 금융기관인 세계은행과 아시아개발은행ADB에 비해 보다 유연한 대출 구조와 신속한 자금 지원을 목표로 한다. 중국이 주도해 설립한 AIIB가 아시아 지역을 중심으로 개발과 자금 지원을 한다면 NDB는 모든 개발도상국을 지원하는 글로벌 투자기관이 되고자 한다. 기존 다자개발은행들이 경직성과 낮은 실행 속도로 비판받아온 점을 보완하는 데 초점을 맞추고 있다. 설립 초기의 대출 프로젝트를 보면 중국 북부 지역의 공항 개발, 인도 비하르주의 농촌 도로 건설, 러시아 볼가강 수질 개선 등이 포함되어 있다. 또한 신재생에너지, 정보기술, 에너지 절감 등 지속가능한 인프라 개발을 위한 프로젝트에도 자금을 지원한다.

이밖에 NDB는 대출 통화를 다양화하는 정책을 추진하고 있다. 기존에는 미국 달러 중심으로 대출이 이루어졌지만, 최근 들어 현지 통화 대출 비율을 점진적으로 높이고 있으며, 2026년까지 전체 대출의 30%를 현지 통화로 제공할 계획이다. 또한, 2019년에는 30억 위안(약 4억 3,000만 달러) 규모의 위안화 표시 채권을 발행하며 자금 조달을 다변화했다. 이는 기존의 달러화 중심 자금 조달

NDB 회원국 지분 구조

(단위: %)

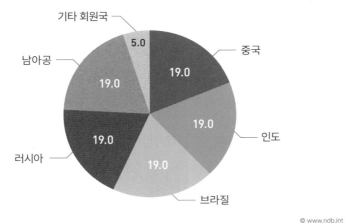

기타 회원국 — 5.0

남아공 — 19.0

러시아 — 19.0

브라질 — 19.0

인도 — 19.0

중국 — 19.0

브릭스 5개국은 NDB 회원국으로서 동등한 지분을 유지하려 한다. 방글라데시, UAE, 이집트 등 신회원국이 5% 내외의 제한적 지분을 보유하고 있다.

구조에서 벗어나, 위안화 기반 투자자층을 새롭게 확보하고 NDB의 자금 조달 경로를 보다 다양화하는 데 기여했다. 이러한 정책은 글로벌 금융시장에서 달러 의존도를 낮추고, 브릭스 회원국들의 금융 주권을 강화할 것으로 보인다.

국제 신용평가사인 S&P와 피치는 NDB에 AA+ 신용등급을 부여했다. 이는 NDB가 안정적인 재무 구조를 유지하고 있으며, 신흥국 대상 금융 지원에서도 신뢰성을 확보하고 있음을 보여준다.

NDB 본부의 위치를 두고 회원국 간 경쟁이 벌어지기도 했다. 남아프리카공화국이 본부 유치를 시도했으나, 결국 중국 상하이에

미중 화폐전쟁

두는 것으로 결정되었다. 상하이를 글로벌 금융허브로 육성하려는 중국 정부의 적극적인 설득이 먹혀들었다.

NDB 총재직은 회원국들이 순환하여 맡는 방식으로 운영되며, 2023년부터 브라질의 전 대통령인 지우마 호세프가 총재직을 맡고 있다. 브릭스의 영향력이 커지면서 NDB가 글로벌 금융시장에서 맡게 될 역할이 주목된다.

IMF를 보완하는 CRA

NBD 외에 브릭스는 회원국들이 금융위기 등에 처했을 때, 긴급 유동성 지원을 위해 비상대응기금 즉, CRA_{Contingent Reserve Arrangement}을 운용하고 있기도 하다. 달러 패권 체제의 IMF 모델과 비슷한 CRA는 총 1,000억 달러 규모이며 이 가운데 중국이 410억 달러로 가장 큰 비중을 차지하고 있으며, 브라질, 러시아, 인도가 각각 180억 달러, 남아프리카공화국이 50억 달러를 분담했다. 이러한 분담 비율에 따라 긴급 자금이 필요해졌을 때 각국의 차입 한도가 차등 책정되었는데, 중국은 110억 달러, 브라질, 러시아, 인도는 각 54억 달러, 남아공은 10억 달러까지 차입할 수 있다.

CRA의 운영 방식은 두 단계로 구성된다. 첫 번째 단계는 아무런 조건 없이 회원국에 긴급 자금을 지원하는 프로그램이다. 만약 회원국이 자국의 차입 한도를 초과하는 지원이 필요한 경우, 두 번째 단계로 진입하게 되며 이때는 CRA가 제시하는 엄격한 조건을

CRA vs. IMF 주요 특징 비교

항목	CRA	IMF
주도국	브릭스 내부	미국 중심 서방 주도
의사결정	합의제, 대등한 구조	쿼터제(미국 주도권 큼)
조건부 대출	제한적, 정책 개입 적음	구조조정 조건 필수
기금 규모	1,000억 달러	1조 달러 이상
성격	정치적 독립성 추구	세계 금융체제의 중심 역할

© infobrics.org, www.imf.org

CRA는 중국과 러시아가 주도하는 탈서방 금융질서 구축 전략의 일환이다. 규모는 IMF에 비해 작지만 IMF가 구조조정에 가깝다면, CRA는 '연대'라는 상징적인 의미가 있다.

충족해야 한다.

금융위기 발생 시 지원 결정은 회원국 중앙은행 총재로 구성된 위원회에서 내리며, 지원 여부와 규모를 심의한다. 이 과정에서 기금 분담 비중이 가장 높은 중국은, 영향력 행사보다는 국제 금융 무대에서 신중한 접근 방식을 보여주고 있다.

NDB와 CRA 체제의 구축으로 브릭스는 경제협의체를 넘어 실질적인 회원국 간 금융협력체로 자리 잡게 되었다. 이는 기존 미국 중심의 국제 금융질서에 대한 대안적 메커니즘으로 주목받고 있다.

곡물 가격 수용자에서 결정자로, 곡물거래소

브릭스 국가들은 국제 곡물 및 원자재 시장에서 핵심적인 생산자이자 소비자로 자리 잡고 있지만, 현재의 국제 금융 시스템 내에서는 가격 결정력에 심각한 제약을 받고 있다. 국제 곡물 가격은 전통적으로 미국 시카고선물거래소CBOT를 주축으로 하는 서방 중심의 거래소에서 결정되며, 대부분 미국 달러를 기반으로 거래된다.

브라질, 러시아, 인도는 세계 주요 곡물 생산국으로, 글로벌 농산물 시장에서 중요한 위치를 차지하고 있다. 브라질은 세계 최대 대두 수출국이며, 러시아는 밀 수출 1위 국가, 인도는 쌀과 면화 생산에서 중요한 위치를 차지하고 있다. 중국과 남아프리카공화국 역시 농산물 무역에서 무시할 수 없는 비중을 보이고 있다. 이러한 경제적 중요성에도 불구하고, 이들 국가들은 자신들이 생산하는 곡물의 가격 결정 과정에서 실질적인 영향력을 행사하지 못하고 있다. 현재의 국제 곡물 거래 시스템은 미국과 유럽 중심으로 구축되어 있어, 곡물 생산국들은 사실상 가격 수용자Price Taker의 위치에 머물러 있다.

이러한 구조적 한계를 극복하기 위해 브릭스 국가들은 독자적인 곡물거래소 설립을 추진하고 있다. 2024년 10월 러시아 카잔에서 열린 브릭스 정상회의에서 블라디미르 푸틴 러시아 대통령이 이를 공식 제안했으며, 회원국 정상들의 지지를 받았다. 새로운 곡물거래소의 핵심 목표는 달러 중심의 거래 구조에서 탈피하고, 회원국 간 직접 거래를 활성화하여 가격 경쟁력을 높이는 데 있다. 또한, 현지 통화 기반의 가격 결정 및 거래 시스템을 구축해 환율 변동에 따른 위험을 줄이고자 한다.

새로운 곡물거래소는 기존 서방 중심의 거래소와 차별화된 접근법을 계획하고 있다. 각국의 현지 통화로 곡물 가격을 표시하고 결제함으로써 외환 리스크를 줄이는 한편, 브라질의 대두, 러시아의 밀, 인도의 쌀 등 각국의 주요 농산물을 직접 거래할 수 있는 플랫폼을 마련해 중간 비용을 절감하고 거래의 효율성을 높이려 한다. 장기적으로는 원유, 가스, 금속 등 다른 주요 원자재 거래로 확장하는 방안도 고려되고 있다.

이 곡물거래소가 성공적으로 정착된다면, 브릭스 국가들은 국제 곡물시장에서 보다 큰 주도권을 확보하고, 글로벌 식량 안보에도 긍정적인 영향을 미칠 것으로 보인다. 나아가 이는 기존 서방 중심의 상품 거래 구조에 변화를 가져올 수 있는 중요한 계기가 될 수 있다. 다만 회원국 간의 다양한 이해관계를 조율해야 하는 점, 기존 글로벌 금융 시스템과의 충돌 가능성 등은 해결해야 할 과제로 남아 있다.

달러 패권에 도전하는 브릭스의 공동 금융망 프로젝트

곡물거래소 외에도 브릭스 국가들은 미국 중심 달러 패권 체제에 정면으로 도전하는 세 가지 금융 프로젝트를 야심차게 추진하고 있다. 이는 서방 금융 시스템에서 벗어나 독자적인 경제 영역을 구축하려는 움직임의 연장선상이다.

첫 번째 도전은 '브릭스 브릿지'다. 이는 미국 주도의 SWIFT 시스템에 대항하여 브릭스 국가들만의 결제망을 구축하는 프로젝트다. 각국 중앙은행이 달러를 경유하지 않고 직접 자국 통화로 결제하는 이 시스템은 블록체인과 디지털 결제 기술을 접목해 기존 SWIFT보다 빠르고 효율적인 서비스를 제공할 잠재력을 갖고 있다. 이 체제가 성공한다면 미국의 금융제재라는 무기가 무력화되고, 달러 의존에서 벗어나는 첫 번째 큰 걸음이 될 것이다.

두 번째로는 '브릭스 클리어'가 있다. 현재 전 세계 금융거래는 미국과 유럽의 결제 시스템을 통과해야만 한다. 이 구조는 서방이 글로벌 금융에 막강한 통제력을 행사하는 기반이다. 브릭스 클리어는 이러한 의존을 끊고 회원국 간 자국 통화로 직접 청산하는 시스템을 제공함으로써 달러 체제의 근간을 흔들려는 시도다. 중국과 브라질이 위안화와 헤알화로 직접 무역할 수 있게 된다면, 달러의 기축통화 지위는 점차 약화될 수밖에 없다.

세 번째 도전은 '공동 재보험사' 설립이다. 재보험은 보험사들의 리스크를 분산하기 위해 다시 보험에 드는 것으로, 대규모 손해 발생 시 보험시장 전체가 붕괴하는 것을 막아주는 글로벌 안전망 역할을 한다. 현재 글로벌 재보험시장은 뮌헨리, 스위스리, 하노버리, 로이즈 같은 미국과 유럽 기업들이 장악하고 있다. 브릭스 국가들이 공동출자로 자체 재보험사를 설립한다면, 서방의 영향력에서 벗어나 독자적인 리스크 관리가 가능해진다. 특히 브릭스 국가들이 추진하는 대형 인프라 프로젝트에 대한 보험을 자체적으로 해결할 수 있게 되면, 서방 금융기관의 영향력은 더욱 줄어들게 된다.

　브릭스 브릿지, 브릭스 클리어, 공동 재보험까지 세 프로젝트와 공동통화 구상은 미국이 구축한 브레튼우즈 체제 이후 70년 넘게 이어져 온 달러 패권에 대해, 국제협의체를 내세워 여러 나라들이 공동으로 도전한 사례다. 브릭스 국가들이 이 시스템을 성공적으로 구축한다면, 세계 금융 질서는 미국 중심의 단극 체제에서 다극 체제로 전환되는 역사적 변곡점을 맞이하게 될 것이다.

브릭스
공동통화 구상

위안화가 브릭스의 공동통화로 부상할 가능성이 있을까? 결론부터 말하자면, 이른 시일 내 공식적인 브릭스 공동통화로서 위안화의 채택은 어렵겠지만, 국제 질서의 유동성과 브릭스 내부 역학관계를 고려할 때 위안화가 사실상의 지배적 통화로 자리매김할 잠재력은 꽤 높다고 볼 수 있다.

왜 달러로 결제해야 하는가?

브릭스의 공동통화 구상은 2010년대 초반부터 진행된 탈달러화 움직임에서 그 뿌리를 찾을 수 있다. 2009년 첫 브릭스 정상회의에서 이미 중국과 러시아는 국제 금융체제 개혁과 달러 의존도 축소 필요성을 언급했으며, 2010년 브라질리아 정상회의에서는 회원국 통화 간 직접 거래 확대를 위한 첫 공식 논의가 시작되었다. 특히 2008년 글로벌 금융위기 이후 미국의 양적완화 정책이 신흥국 경제에 부정적 파급효과를 미치면서, 달러 중심 체제에 대한 브릭스 국가들의 불만은 고조되었다.

공동통화에 관한 구체적 제안은 2019년 러시아 중앙은행이 처음 공식화했다. 당시 러시아는 금이나 원자재를 기반으로 한 공동 결제단위 창출을 제안했으며, 이는 브릭스 국가들의 전략적 자원 우위를 활용한 구상이었다. 이 논의가 실질적 탄력을 받게 된 결정적 계기는 2022년 우크라이나 사태 이후 러시아에 대한 서방의 SWIFT 배제 조치였다. 국제금융망에서 사실상 고립된 러시아는 중국, 인도 등과 함께 루블, 위안화, 루피화 기반 결제로 제재를 우회했으나, 그 과정에서 드러난 현실적 한계는 브릭스 차원의 더 체계적인 대안 필요성을 부각시켰다.

2023년 요하네스버그 정상회의에서는 의제가 논의되었으나, 회원국 간 이해관계 차이로 최종 공동선언문에는 포함되지 않았다. 그럼에도 불구하고 회원국들 사이에서는 달러 의존도를 낮추는 대안적 결제 수단의 필요성에 관한 공감대가 확고히 형성되었다. 특히 회의 중 브라질의 룰라 대통령은 '왜 모든 국가가 무역을 위해 달러로 결제해야 하는가'라는 문제를 제기하며, '브릭스 국가들은 자체적인 결제통화를 만들 수 있다'고 강조했다.

유로존의 교훈

공동통화 도입은 절실한 필요성에도 불구하고 복잡한 실행 과정을 거쳐야 한다. 대표적 공동화폐인 유럽연합의 유로존 형성 사례를 살펴보면, 공동통화 도입은 수십 년에 걸친 정치적 합의와 기술적 준비, 그리고 수많은 시행착오를 겪어야 하는 대장정이다. 1957년 로마조약에서 경제공동체 구상이 시작된 이후, 1992년 마스트리히트 조약을 거쳐 1999년 유로화가 실제 도입되기까지 40년이 넘는 시간이 소요되었다.

유로존 가입을 위해서는 물가 안정, 재정 건전성, 환율 안정성, 금리 수준 등 이른바 '수렴 기준Convergence Criteria'이라는 엄격한 경제적 조건을 충족해야 했다. 정부 부채는 GDP의 60% 이하, 재정적자는 GDP의 3% 이내로 제한하는 등 까다로운 조건은 회원국 간 경제적 동질성을 확보하기 위한 장치였으나, 이를 둘러싼 논쟁은 치열했다. 또한 유럽중앙은행ECB 설립 과정에서 독일은 인플레이션 억제에 초점을 맞춘 독립적 중앙은행을 주장한 반면, 프랑스는 고용과 성장을 고려한 정치적 통제를 선호하는 등 근본적 시각차가 충돌했다.

통화가 일원화됐음에도 불구하고 재정정책을 각국 정부의 권한으로 남겨둔 '반쪽 통합'은 유로존의 구조적 취약점으로 작용해 상당한 후유증을 야기했다. 2010년 그리스 재정위기로 촉발된 유로존 위기는 이런 모순이 표출된 사건이었다. 그리스, 포르투갈, 스페인, 이탈리아 등 남유럽 국가들의 방만한 재정운영과 경쟁력 저하는 공동통화 체제에서 환율조정이라는 전통적 대응수단을 사용할 수 없어 심각한 경제위기로 비화되었다.

브릭스가 공동통화를 도입하려면 이러한 유로존의 경험에서 교훈을 얻어야 한다. 특히 회원국 간 경제력 차이가 유럽보다 훨씬 크고, 정치 체제와 경제 발전 단계가 상이한 브릭스의 경우 통합의 어려움은 더욱 클 것이다. 또한 유로존 국가들이 유럽 대륙이라는 하나의 지리적 조건을 공유하고 있는 것과 달리 브릭스 회원국들은 각기 다른 대륙에 산재해 있어 자연적, 생태적 환경이 다르다는 것도 무시하지 못할 요인이다. 나아가 가입조건 설정, 중앙은행 설립, 회원국 확대 절차 등 핵심 쟁점에 대한 합의 도출은 결코 단시간에 이루어질 수 없는 과제다.

위안화의 기회와 가능성

브릭스 내부적으로도 회원국 간 이해관계와 대서방 관계 설정에 현저한 차이가 존재한다. 중국과 러시아는 미국과 실질적 대립관계에 있는 반면, 브라질은 불편한 관계이지만 적대적이라 보기는 어렵다. 인도는 오히려 미국 주도의 인도-태평양 안보협의체 쿼드 Quad에 참여하며 중국 견제에 동참하고 있는 실정이다. 이러한 복잡한 이해관계 속에서 통화바스켓 구성 비율, 국제통화기금IMF의 특별인출권SDR과 같은 상징적 화폐로 할지, 혹은 유로화처럼 실물화폐로 전환할지 등 난제가 산적해 있다.

·미중 화폐전쟁

브릭스의 주요 특징

구분	세부 내용
회원국	- 기존 5개국: 브라질, 러시아, 인도, 중국, 남아프리카공화국 - 2024년 추가 5개국: 에티오피아, 이집트, 이란, UAE, 인도네시아
인구 규모	- 총 인구: 약 34억 명 - 세계 인구의 약 42% 차지
경제 규모	- 세계 GDP의 약 26% 차지 - 구매력평가PPP 기준 세계 경제의 1/3
국토 면적	- 세계 국토 면적의 약 39% 점유
경제성장률	- 선진국 대비 높은 경제성장률 - 평균 4~6% 수준
설립 연도	- 2009년 공식 출범
주요 목적	- 신흥경제국 간 경제 협력 - 국제 금융 시스템 개혁 - 다극화된 국제 질서 추구
협력 분야	- 경제 및 무역 - 금융 및 투자 - 기술 혁신 - 에너지 협력 - 문화 교류
주요 기구	- 신개발은행NDB - 비상 대응기금CRA
지정학적 의의	- 서방 중심 국제 질서에 대한 대안적 플랫폼 - 중국, 러시아 중심의 새로운 다자간 협력체

© brics2023.gov.za

이러한 구조적 난관 속에서 차선책으로 부상할 가능성이 높은 것이 바로 위안화다. 회원국 간 무역·자본 거래에서 회원국 통화를 우선적으로 사용하는 방향으로 합의가 이루어진다면, 경제 규모와 교역량에서 압도적 우위를 점하는 중국의 위안화가 자연스럽게 주도적 위치를 차지하게 될 것이다. 특히 이집트, 에티오피아, 이란, 아랍에미리트, 인도네시아 등 5개국이 추가 가입한 '브릭스플러스'의 확장은 위안화 사용 기회를 더욱 확대시킬 전망이다.

위안화는 이미 브릭스 통화 중 유일하게 IMF의 SDR 바스켓에 포함되어 국제통화로서의 지위를 확보했으며, 다수의 중앙은행들이 외환보유액에 위안화 자산을 축적하고 있다. 만약 브릭스 플러스가 50개국 이상으로 확장되고 이들과의 교역에서 위안화 결제가 확대된다면, 중국은 전략적 목표를 달성하는 동시에 달러 패권에 실질적 도전장을 내밀 수 있게 된다. 그러나 위안화의 급속한 확장은 브릭스 내부에서도 중국 중심 질서에 대한 경계심을 자극할 수 있다. 일각에서는 브릭스 플러스가 과거 소련의 동구권 위성국가 체제와 유사하게 중국 중심의 경제블록으로 변질될 우려를 표명하고 있다. 또한 탈달러화 진전에 대해 미국과 서방이 수수방관하지는 않을 것이다. 미국과 중국은 각각 국제기구와 제재 수단을 동원해 치열한 금융패권 경쟁을 벌일 가능성이 높다.

이러한 전망은 결국 글로벌 경제와 금융의 이중 구조화로 귀결될 수도 있다. 서방 중심의 달러존과 브릭스 중심의 위안존으로 국제 금융질서가 양분되는 시나리오는 더 이상 공상과학적 상상이 아닌, 현실적 가능성으로 부상하고 있다. 이러한 지정학적 지각 변동은 가까운 미래의 일은 아니지만, 국제 금융질서의 근본적 재편을 예고하는 신호탄으로 주목할 필요가 있다.

세계 영향력 확대를 꾀하는 브릭스플러스

회원국 확대를 둘러싼 브릭스 5개국의 입장은 미묘하게 다르다. 인도와 브라질은 신중한 태도를 보이며 신규 회원국 확대에 적극적이지 않은 반면, 서방의 경제 제재를 받고 있는 러시아는 브릭스의 확장을 강하게 주장하는 쪽이다. 남아프리카공화국은 대체로 확장에 찬성하지만, 러시아처럼 적극적으로 나서지는 않는 분위기다.

그렇다면 브릭스플러스 확대를 가장 강하게 밀어붙인 국가는 어디일까? 겉으로는 드러나지 않았지만, 중국이 주도적인 역할을 했다는 것이 중론이다. 중국은 브릭스를 미국과 서방 중심의 G7 체제에 대응하는 국제협의체로 발전시키려는 전략을 가지고 있다. 브릭스가 신흥국과 개발도상국을 아우르는 '글로벌 사우스'의 중심

축이 되도록 만들려는 것이다.

브릭스 내에서 중국의 경제력은 압도적이다. 기존 5개국을 기준으로 하거나, 신규 가입국을 포함해서 보더라도 중국의 경제 규모는 나머지 모든 회원국을 합친 것보다 2배 이상 크다. 브릭스가 2009년 출범한 이후, 중국은 꾸준한 경제 성장을 이어갔지만 다른 회원국들은 여러 어려움을 겪었다. 브라질과 남아공은 '원자재의 저주'로 불리는 경제 침체에 빠졌고, 러시아는 서방과의 갈등이 심화되면서 경제적 제약이 커졌다. 반면 중국은 막대한 외환보유액과 제조업 경쟁력을 바탕으로 브릭스 내에서 영향력을 더욱 키워왔다.

인도의 '양다리 걸치기' 외교와 중국의 속도

브릭스플러스가 반서방 연대의 구심점이 될 수 있을지는 불확실하다. 창립 5개국 중에서도 중국과 가장 이해관계가 복잡한 국가는 인도다. 중국과 인도는 국경을 맞대고 있어 잦은 분쟁을 겪어왔으며, 지정학적 경쟁도 심화되는 추세다. 무엇보다 두 나라의 가장 큰 차이점은 미국과의 관계 설정이다. 인도는 자국의 경제 성장을 위해 미국과의 협력이 필수적이라고 보고 있으며, 공식적으로 미국과 적대적인 입장에 서는 것을 꺼린다. 그러나 한편으로는 브릭스 및 중국과의 협력을 미국과 서방으로부터 더 많은 양보를 얻어내기 위한 지렛대로 활용하려는 '양다리 걸치기'식 외교 전략을 취

세계 지도로 보는 브릭스

현재 브릭스 가입을 희망하는 국가는 30여 개국에 달한다. 이들 국가는 중국이 오랫동안 일대일로 프로젝트를 통해 투자해온 곳인 경우가 많다. 따라서 브릭스가 확대될수록 브릭스 내 중국의 영향력은 더욱 강해질 수밖에 없다.

하고 있다.

　서방이 러시아에 대한 경제 제재를 강화한 이후, 인도는 러시아산 원유를 대량으로 수입해 국내에서 사용하고, 일부는 정제 과정을 거쳐 석유 제품으로 수출하면서 국제적 논란을 불러일으켰다. 흥미로운 점은 미국과 유럽이 이를 적극적으로 제재를 가하거나 문제를 제기하지 않고, 사실상 묵인했다는 것이다. 이는 미국과 서방이 러시아·중국과의 갈등 속에서 인도를 완전히 반대 진영으로 밀어내는 것이 전략적으로 불리하다고 판단했기 때문으로 보인다.

　현재 브릭스 가입을 희망하는 국가는 30여 개국에 달한다. 베트남, 태국, 말레이시아, 튀르키예, 카자흐스탄, 우즈베키스탄, 알제리, 볼리비아, 나이지리아, 우간다 등이 후보로 거론되고 있다. 중국은 오랫동안 일대일로 프로젝트를 통해 신흥국들에 인프라 투자를 해왔으며, 이 사업에 투입된 자금만 1조 달러가 넘는 것으로 추정된다. 브릭스가 확대될수록 중국이 이미 자금과 인프라를 제

브릭스와 브릭스플러스 주요 특징 비교

항목	브릭스	브릭스플러스
구성국 수	브라질, 러시아, 인도, 중국, 남아공 5개국	2024년 기준 최대 10개국 이상
출범 시기	2009년 (남아공은 2010년 합류)	2017년 중국 주도로 확대
주도국	중국, 러시아	중국 중심, 확대 다극화
참여 방식	고정 멤버십	초청국, 협력국 등 유연한 참여
지향 성격	폐쇄형 협의체	개방형 협력 플랫폼
전략적 목적	G7 견제, 다자주의 외교	글로벌 남반구 블록화, 국제 질서 재편
주요 이슈	NDB·CRA 설립, 달러 패권 견제	에너지 결제, 확대 가입 논의

© brics2023.gov.za

브릭스와 브릭스플러스는 단순히 회원국 수 차이가 아닌, 중국의 지정학적 확장 전략과 글로벌 영향력 차원에서 볼 필요가 있다. 탈달러, 에너지 거래 다양화, 글로벌 거버넌스 개편을 위한 세력화로 비서방 세계의 목소리를 조직적으로 확대하려 한다.

미중 화폐전쟁

공해온 국가들이 대거 합류할 가능성이 크며, 결과적으로 브릭스 내에서 중국의 영향력은 더욱 강해질 수밖에 없다.

그러나 이러한 브릭스의 확장이 곧바로 중국의 성공을 의미하는 것은 아니다. 일부 국가에서는 브릭스가 '중국의 팬클럽'으로 변질되거나 '중국의 위성국'으로 전락할 것이라는 우려도 나오고 있다. 만약 중국이 브릭스를 반미·반서방 연대의 전면에 내세우려 한다면, 일부 회원국들은 이에 부담을 느끼고 반발할 가능성이 높다. 특히 브릭스플러스에 새롭게 가입하는 국가들 중에는 미국 및 서방 선진국과 오랜 경제·외교 관계를 맺고 있는 나라들도 포함되어 있다. 이들 국가가 중국 주도의 브릭스 노선에 동조한다면 미국과 서방이 브릭스의 확장을 저지하기 위해 회원국들에게 외교적·경제적 압력을 가하거나 탈퇴를 종용할 수도 있다.

결국 브릭스플러스의 성공 여부는 중국이 얼마나 유연하고 신중한 접근을 하느냐에 달려 있다. 만약 중국이 지나치게 빠르게 영향력을 확대하려 하거나, 브릭스를 노골적인 반서방 연합으로 만들려고 한다면 내부 갈등이 증폭될 수 있다. 반대로, 브릭스를 경제 협력 중심의 느슨한 연합체로 운영하면서 다양한 신흥국과의 협력을 강화하는 방향으로 간다면, 글로벌 경제 질서에서 브릭스의 역할이 점점 더 커지는 것을 예상해볼 수 있을 것이다.

5장

경제에 안보를 더해
끈끈해진, 국제협력체

'3대 악'에 대응하는
상하이협력기구

상하이협력기구SCO, Shanghai Cooperation Organi-zation는 이름 그대로 상하이에 본부를 둔 국제협력체로 2001년 6월 15일 공식 출범했다. 초기에는 지역안보협의체 성격이 강했으나, 점차 경제, 에너지, 기술,  문화 협력을 포괄하는 쪽으로 활동 범위를 확장해왔다. 설립 당시 중국과 러시아를 주축으로 카자흐스탄, 키르기스스탄, 타지키스탄이 '상하이 5'로 출발했으며, 2001년 우즈베키스탄이 합류하면서 SCO 체제를 갖추게 되었다. 이후 2017년 인도와 파키스탄이 가입하며 조직의 영향력이 대폭 확대되었고, 2023년 이란의 합류로 중동 지역으로 세력을 확장했다. 2024년 7월에는 동유럽의 벨라루스가 정식 회원국이 되면서 총 10개국으로 규모가 커졌다.

현재 옵저버 국가로는 아프가니스탄과 몽골이 있으며, 사우디아라비아, 튀르키예, 이집트, 미얀마, 캄보디아 등을 포함한 다수의 국가가 대화 파트너로 참여하고 있다.

유라시아 대륙의 60%를 차지하고 세계 인구의 거의 절반을 아우르는 거대 지역기구로 성장한 SCO는 테러리즘, 분리주의, 극단주의를 '3대 악'으로 규정하고 이에 공동 대응한다는 원칙을 표방하고 있다. SCO는 정치·외교협력, 경제·통상협력, 문화·인권협력이라는 세 축을 중심으로 운영된다. 북대서양조약기구NATO가 군사동맹의 성격이 강하다면, SCO는 외교·안보협력체이면서도 경제·통상 분야에서의 실질적 협력을 확대해왔다는 점에서 독특한 위치를 갖고 있다.

시진핑의 뉴델리선언

2023년 뉴델리 정상회의에서 채택된 선언문은 SCO의 비전과 방향성을 명확히 보여준다. 이 선언문은 전례 없는 변화와 급속한 기술 발전으로 인류가 새로운 시대에 진입하는 가운데, 기존 분쟁의 심화와 새로운 갈등의 출현에 대한 우려를 표명했다. SCO는 이러한 상황에서 다극화된 세계에 걸맞은 공정한 국제 질서 구축의 필요성을 강조하며, 다자주의 강화와 유엔 중심의 조정 역할을 중시하는 입장이다. 특히 블록정치와 이념적 대립을 지양하고, 분쟁 해결 과정에서 대립적 접근 방식을 배제해야 한다는 입장은 미국 주도의 기존 국제 질서에 대한 대안적 시각을 명확하게 보여준다.

시진핑 중국 국가주석은 2023년 7월 뉴델리 정상회의에서 SCO 개발은행과 개발기금 설립을 제안했다. 회원국들을 연결하는 대규모 도로, 철도, 항만 등 인프라 구축과 투자, 무역 금융지원을 위해 독자적인 금융기관이 필요하다는 인식에서 비롯된 제안이다. 이미 운영 중인 브릭스 신개발은행NDB과 유사한 역할을 담당할 것으로 예상된다. SCO 개발기금은 기후변화 대응과 지속가능한 발전목표SDGs 달성에 초점을 맞춘 공동투자 네트워크로 활용한다는 계획이다. 이는 미국이 주도해온 세계은행과 국제통화기금IMF에 대한 대안적 체제로서, 서방 중심의 금융질서에서 벗어나려는 시도의 일환으로 볼 수 있다. SCO 개발은행과 개발기금이 출범하면 중국 주도의 아시아인프라투자은행AIIB과 일대일로 이니셔티브의 실크로드펀드와 연계되어 위안화 기반 금융 네트워크가 더욱 확장되는 효과를 보게 된다.

브릭스와의 연계 효과 기대

SCO는 회원국 간 자국통화 결제 확대와 금융 다극화를 지속적으로 추진해왔다. 이 과정에서 중국은 대부분 인접국가인 SCO 회원국들과의 거래에서 위안화 활용을 늘리는 방향으로 다양한 프로젝트를 진행해왔다. 이는 위안화 국제화 전략의 1단계인 '주변국 통용 확대'라는 중간 목표를 SCO를 통해 실현하려는 움직임으로 해석된다.

러시아는 중국과의 교역에서 국경간결제시스템CIPS을 적극 활용하며, 양국 간 거래의 80% 이상을 위안화로 결제하고 있다. 카자흐스탄과 우즈베키스탄은 무역결제뿐 아니라 외환보유액에서도 위안화 비중을 꾸준히 확대해왔다. 특히 카자흐스탄의 수도 아스타나에는 위안화와 현지 통화인 텡게화의 직거래시장이 설립되어 중앙아시아 위안화 허브 역할을 하고 있다. SCO 회원국 중 카자흐스탄에는 석유와 천연가스가 많아 중국이 에너지 수입 시 위안화로 결제함으로써 위안화의 국제적 영향력을 더욱 확대할 수 있게 된다.

SCO는 현재 옵저버로 참여 중인 국가들의 정식 회원국 전환을 추진하는 한편, 중남미와 아프리카의 글로벌 사우스 국가들과의 연계도 적극 모색하고 있다. 중국, 러시아, 인도가 브릭스의 핵심 구성원이기도 하다는 점에서 SCO와 브릭스 간 협력 체제는 자연스럽게 강화될 것으로 예상된다. 향후 SCO가 중앙아시아와 유럽을 연결하는 가교 역할을 하는 포용적 국제협의체로 발전할지, 아니면 회원국들의 대서방 견제 심리를 기반으로 한 대항 블록으로 자리매김할지는 국제 정세의 주요 관전 포인트가 될 것이다.

중국과 아세안 간의 핵심, 치앙마이 이니셔티브

아세안ASEAN, Association of Southeast Asian Nations은 1967년 방콕선언으로 5개국(말레이시아, 인도네시아, 필리핀, 싱가포르, 태국)이 창설했고, 이후 브루나이와 베트남, 라오스, 미얀마가 차례로 가입하였으며 1999년 캄보디아까지 10개국 체제로 완성되었다. 정치, 경제, 사회, 문화 전반에 걸쳐 동남아시아의 대표적인 지역협력체로 자리 잡은 아세안은 세계 경제 중심이 아시아로 이동하면서 그 중요성이 지속적으로 높아져 왔다.

중국은 지리적으로 베트남, 라오스, 미얀마 등과 국경을 맞대고 있고, 남중국해를 통해 필리핀, 인도네시아 등과 연결되어 있다. 이러한 지리적 이점을 바탕으로 중국은 아세안 국가들과 경제·금융 분야에서 협력 체제를 적극적으로 확장해왔다. 이는 미국이 북미의 캐나다, 멕시코와 자유무역협정을 체결하고 중남미 국가들의 주요 현안에 개입하면서 아메리카 대륙을 자국의 영향권으로 삼는 전략과 유사하다.

위기 시 달러 대신 위안화로?

중국과 아세안 간 금융 협력의 핵심은 치앙마이 이니셔티브Chiang Mai Initiative로, 여기에 다자화를 뜻하는 Multilateralization을 추가해 보통 CMIM로 부른다. CMIM은 아세안 10개국과 한국, 중국, 일본 등 3개국이 참여하는 '아세안 플러스 3'가 구축한 긴급자금 지원 프로그램으로, 여러 나라가 하나의 계약으로 묶여 있는 다자간 단일 계약의 통화스와프라는 독특한 특징을 지니고 있다.

동아시아 외환위기를 계기로 2000년에 출범한 치앙마이 이니셔티브는 2010년 다자간 협정으로 확장되면서 CMIM으로 발전했다. 초기 출연금이 1,200억 달러였으나, 2014년 2,400억 달러로 확대되었다. 출연금은 중국(홍콩 포함)과 일본이 각각 32%, 한국 16% 비율로 플러스 3개국이 80%를 분담하고, 아세안 회원국 중 인도네시아, 말레이시아, 태국, 싱가포르, 필리핀 등 경제 규모가 큰 5개국이 3.79%씩, 경제 규모가 작은 5개국이 0.02~0.83% 범위에서 나눠 부담한다.

CMIM의 위기 지원 메커니즘은 한국, 중국, 일본 등 플러스 3국

CMIM 국가별 출연금 비율(한국·중국·일본 + 아세안 10개국)

(단위: %)

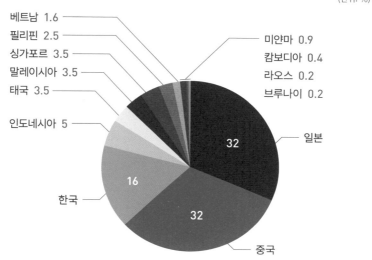

베트남 1.6
필리핀 2.5
싱가포르 3.5
말레이시아 3.5
태국 3.5
인도네시아 5
한국

미얀마 0.9
캄보디아 0.4
라오스 0.2
브루나이 0.2

일본

32

16

32

중국

가가 아세안 회원국들을 지원하는 방식으로 설계되었다. 경제 위기 시 지원받을 수 있는 금액은 각국 분담금을 기준으로 중국과 일본은 1/2배, 한국은 1배를 받을 수 있으며, 아세안 회원국 중 큰 나라는 2.5배, 작은 나라들은 5배를 받는 구조다. 한 나라가 자금지원을 요청하면 최대 40%까지는 CMIM 회의에서 결정되고, 그 이상은 의무 조건이 부과되는 IMF 프로그램 도입을 전제로 지원된다.

주목할 점은 CMIM이 위안화 국제화를 위한 중국의 전략적 플랫폼으로 진화하고 있다는 것이다. CMIM은 출범 당시 신속금융지원제도의 통화로 미국 달러만을 기준으로 했으나, 2024년 위안화와 일본 엔화를 추가했다. 이제 회원국의 위기 국면에서 자금지원을 할 때 달러와 함께 위안화가 일정 비율을 차지하게 되었다. 이는 단순한 통화 다변화를 넘어서, 중국이 제도 개편을 통해 위안화를 아시아 지역을 대표하는 지역통화로 자리잡게 하려는 장기적 전략의 일환이다. 즉, 아시아 지역에서 미국 달러와 IMF 중심 질서에서 벗어나 위안화 중심의 대안적 금융체제를 구축하려는 중국의 국제통화 전략이 CMIM을 통해 구체화되고 있는 것이다.

이러한 전략적 접근은 CMIM의 거버넌스 구조에서도 엿볼 수 있다. 공동의장국은 아세안 회원국과 플러스 3개국에서 각각 한 나라씩 맡아 논의과제를 조율하는데, 2024년에는 한국과 라오스가, 2025년에는 중국과 말레이시아가 맡았다. 또한 CMIM은 현재의 다자간 통화스와프 형태에서 IMF와 같은 기금 형태로 전환하는 방안을 논의하고 있어, 이 과정에서 중국의 영향력과 위안화의 역할이 더욱 커질 가능성이 높다.

중국은 CMIM 외에도 아세안 국가들과 여러 위안화 국제화 프로젝트를 적극적으로 추진해왔다. 태국은 엠브릿지 프로젝트에 참여해 디지털 화폐의 국경 간 결제망 실험을 진행했으며, 인도네시아, 말레이시아, 싱가포르, 태국 등과는 양자 통화스와프 계약을 체결했다. 또한 환태평양경제자유협정RCEP은 아세안 10개국이 필요성을 제기하고 중국이 주도적으로 조율하여 성사시켰다. 이러한 일련의 협력 체계는 모두 위안화의 지역 내 영향력을 확대하고, 궁극적으로는 달러 중심의 국제 금융질서에 대한 대안을 마련하려는 중국의 전략적 노력으로 볼 수 있다.

그러나 이러한 중국의 노력에도 불구하고 도전 요소는 많다. 대만 해협을 둘러싼 긴장 고조와 남중국해에서 필리핀과의 영유권 분쟁은 중국과 아세안 사이에 잠재적 갈등 요인이다. 또한 미국은 트럼프 대통령의 재선으로 다자주의보다는 양자 관계를 중시하는 경향을 보이고 있어, 아세안 회원국들과의 관계에서도 새로운 변수가 될 수 있다. 트럼프 대통령은 1기 재임 시, 아세안 정상회의에 불참해 회원국들의 불만을 샀다. 미국의 3대 무역흑자국으로 부상한 베트남은 트럼프의 관세 부과 대상이 되었고, 대미 수출 비중이 높은 다른 아세안 회원국들도 미국의 무역 장벽 강화로 어려움을 겪고 있다.

이런 상황에서 미국이 중국 견제 전략을 효과적으로 실행하려면 아세안 회원국들과의 협력 체제를 강화해야 하기 때문에, 경제적·외교적 중요성이 커지고 있는 아세안을 두고 미국과 중국 간 전략적 경쟁은 불가피해 보인다. 그 가운데 중국은 위안화 국제화라는 명확한 목표를 가지고 CMIM과 같은 지역 금융협력 메커니즘을 적극 활용하며 아시아 금융질서의 재편을 모색하고 있다.

아시아 - 태평양 지역을 둘러싼, RCEP vs. IPEF

미국과 중국의 경쟁은 아시아·태평양 지역에서도 치열하다. 이 지역은 세계에서 가장 인구가 많고 경제 성장률이 높은 지역이기 때문에 주요 강대국이 쉽게 양보할 수 없는 전략적 요충지다. 현재 중국은 역내포괄적경제동반자협정, 즉 RCEP Regional Comprehensive Economic Partnership를 통해 경제적 영향력을 확대하고 있으며, 이에 맞서 미국은 인도태평양 경제프레임워크인 IPEF Indo-Pacific Economic Framework for Prosperity를 출범시켜 중국을 견제하고 있다.

RCEP은 아시아·태평양 지역의 거대 자유무역협정으로, 중국과 동남아국가연합ASEAN 10개국, 일본, 한국, 호주, 뉴질랜드 등 총 15개국이 참여했다. 협정의 핵심 목표는 회원국 간 무역 장벽을 낮추고, 경제 협력을 촉진하는 것이다. 특히, 중국은 제조업 경쟁력을 바탕으로 아세안과 한국, 일본을 포함한 대규모 시장을 확보하려는 전략적 목표를 갖고 협정 타결에 앞장서 아시아 지역에서의 경제적 주도권을 강화하는 계기로 삼았다.

협상 과정에서 한국과 일본은 금융, 의료, 교육, 정보기술, 법률·회계 서비스 분야 개방을 요구했고, 반면 인도네시아, 필리핀, 태국 등 아세안 일부 국가는 자국 산업 보호를 위해 개방을 주저했다. 이에 따라 일부 분야는 단계적으로 개방하거나 유예하는 방식으로 타협이 이루어졌다. 특히 인도는 철강, 화학, 섬유, 전자제품, 자동차 등 중국산 제품의 대규모 유입을 우려하여 관세 철폐율을 70% 이하로 유지할 것을 요구했으나 수용되지 않자, 최종적으로 협상에서 이탈했다. 인도가 RCEP에 불참한 것은 단순한 보호무역 조치뿐만 아니라, 무역적자 확대, 서비스 시장 개방 문제, 농업 보호 정책 등 다양한 요인이 복합적으로 작용한 결과였다. RCEP가 발효되고 나서부터는 중국이 최대 수혜국으로 떠올랐으며, 일본과 한국도 아세안과 교역이 확대되었다.

미국 주도의 IPEF, 유연하게 대응하는 중국

한편, 미국은 2022년 5월 조 바이든 행정부 주도로 IPEF를 출범시켜 중국 견제에 나섰다. IPEF는 미국이 주도하고 한국, 일본, 인도, 아세안 주요국, 호주, 뉴질랜드 등 총 14개국이 가입한 경제 협력체이다. IPEF는 전통적인 자유무역협정FTA과 달리 관세 철폐 조항이 없고, 경제 규범과 공급망 협력에 초점을 맞춘 것이 특징이다. IPEF는 무역, 공급망 안정화, 청정에너지 및 탈탄소화, 반부패·공정경제 등 4대 핵심 의제를 중심으로 운영된다.

특히 공급망 재편은 IPEF의 가장 중요한 목표 중 하나로, 반도체, 배터리, 희토류 등 전략적 핵심 산업에서 중국 의존도를 줄이고 대체 공급망을 구축하는 것이 주요 과제다. 이를 위해 반도체 부문에서 미국, 일본, 대만, 한국은 별도로 '칩4 동맹'을 구성하여 반도체 공급망 협력을 추진하고 있다. 또한 청정에너지 및 탈탄소화 의제는 중국의 석탄 의존도를 견제하는 것이 그 목적이고, 반부패·공정경제 의제는 중국 국유기업과 보조금 정책을 겨냥하는 측면이 있다.

미국이 주도하는 IPEF는 사실상 중국을 견제하려는 경제 연합이라는 평가를 받는다. 그러나 중국은 이에 맞서기 보다는, 아세안 국가들과의 개별 협력을 강화하면서 실리를 확보하려는 전략을 펼치고 있다. 여기서 더 나아가, 중국은 IPEF에 대한 가입 의사를 타진하기도 했다. 중국이 IPEF에 참여하려는 이유는 미국이 주도하는 경제협력체에 직접 맞서는 대신, 체제 내부로 진입해 회원국들과의 통상을 통해 실리를 확보하려는 전략적 접근일 것이다. IPEF 내에서 협력 가능성을 모색하면서 자국의 경제적 이익을 최대한 보호하고, 동시에 회원국들과의 개별 협상을 통해 영향력을 행사하려는 계산이 깔려 있다.

RCEP vs. IPEF 주요 특징 비교

구분	RCEP (역내포괄적경제동반자협정)	IPEF (인도-태평양경제프레임워크)
설립 연도	2020년 발효	2022년 출범
회원국	15개국 (ASEAN 10국 + 한국, 중국, 일본, 호주, 뉴질랜드)	14개국 (미국 주도, 인도태평양 지역)
주요 목적	무역 자유화, 경제 통합	공급망 안정, 청정에너지, 디지털 경제, 반부패
성격	무역 협정	경제 협력 프레임워크
중국 참여	참여	배제
핵심 특징	- 아시아-태평양 최대 규모 무역협정 - 관세 철폐 중심	- 경제적 가치와 규범 중심 - 중국 견제 목적
경제적 규모	세계 GDP의 약 30%	세계 GDP의 약 40%
총인구	약 22억 명	약 40% 인구 포함
핵심 이슈	무역 장벽 제거, 투자 촉진	공급망 강화, 기후변화 대응, 디지털 혁신

© rcepsec.org, www.whitehouse.gov

　　그러나 미국을 비롯한 기존 IPEF 회원국들은 중국의 가입 가능성을 배제하는 분위기다. 미국은 IPEF를 중국을 견제하는 경제적 대안으로 설계했기 때문에, 중국이 협정에 진입하게 되면 IPEF의 기본 취지가 무색해질 수 있다고 우려한다. 또한 일본, 인도, 호

5장 경제에 안보를 더해 끈끈해진, 국제협력체　　　　　157

주 등 일부 회원국들도 중국의 경제적 패권 강화 가능성을 경계하며 중국의 가입을 사실상 반대하고 있다.

결국 중국의 IPEF 가입은 실현 가능성이 낮은 시도였지만, 이를 통해 중국이 미국 주도의 경제 질서에 무조건 배제되기보다는 유연하게 대응할 준비가 되어 있다는 점을 보여준 사례라고 볼 수 있다.

IPEF가 본격적으로 운영되면서 향후 미국과 중국 간 아시아 경제권을 둘러싼 경쟁이 더욱 치열해질 전망이다. RCEP을 통해 중국이 무역 중심의 경제 블록을 구축한 반면, IPEF는 공급망 및 기술·환경 규범을 통해 미국 중심의 경제 네트워크를 강화하려는 방향으로 진행되고 있다. 두 경제협력체의 경쟁 구도가 아시아·태평양 지역 경제 질서에 어떤 변화를 가져올지 주목된다.

한편 아시아·태평양과 미주 대륙을 포함하는 중요한 경제협정이 있다. 포괄적·점진적 환태평양경제동반자 협정, 즉 CPTPP는 일본과 호주가 주도해서 체결한 자유무역협정이다. 오바마 정부가 환태평양경제동반자협정인 TPP를 타결했으나 트럼프 1기 때 미국이 탈퇴했고, 나중에 일본, 베트남, 호주, 캐나다, 칠레 등이 참여해 다시 협정이 타결되었다.

인구와 에너지의 보고,
중국 - 아프리카 협력포럼

아프리카는 거의 중국의 독무대나 다름없다. 식민 지배를 받은 아프리카 국가들은 1인당 GDP 1만 3,000달러를 넘어선 경제 강국으로 도약한 '중국식 개발 모델'에 큰 관심을 보여왔다. 독립 이후 오랜 기간 정치·경제적 어려움을 겪어온 아프리카 국가들은 중국의 성장 경험과 막대한 자금력을 활용해 자국 경제를 발전시키고 정치적 입지를 다지려는 움직임을 보이고 있다.

2024년 9월, 시진핑 주석은 베이징에서 아프리카 53개국과 아프리카연합AU 정상들을 초청해 중국-아프리카 협력포럼FOCAC, Forum on China-Africa Cooperation을 개최했다. 이때로 9회째를 맞이한 이 포럼에서 시진핑 주석은 모든 수교국과의 양자 관계를 전략적 관계로 격상시키고, 전천후 운명공동체로 발전시키겠다는 구상을 밝혔다. 중국은 2000년 중국-아프리카 협력 포럼을 창설한 이후, 3년마다 베이징과 아프리카로 번갈아가며 회의를 개최해왔다.

중국은 중국-아프리카 협력포럼을 창설한 이후, 3년마다 베이징과 아프리카를 번갈아 가며 회의를 개최해왔다.

아프리카는 서방 식민지 시대의 후유증으로 인해 내전과 부족 분쟁을 겪고 있는 지역이다. 특히 서아프리카에서는 프랑스를 향한 반감이 커지고 있으며, 미국도 냉전 종식 이후 점차 아프리카에서 손을 떼고 있다. 서방 투자자들은 아프리카와의 지리적 거리감과 자국의 반부패법 등의 규제로 인해 투자를 주저하는 경향이 있다. 이 틈을 타서 중국이 적극적으로 아프리카 시장을 공략하고 있으며, 인도 또한 전통적으로 아프리카 동부 지역과 가까운 지리적 이점을 활용해 영향력을 확대하고 있다. 여기에 러시아, 튀르키예, 중동 국가들까지 합류하며 아프리카는 점점 더 국제적인 경쟁의 무대로 변하고 있다.

중국은 일대일로 프로젝트의 주요 대상지로 아프리카를 설정하며 영향력을 확대하고 있다. 국책은행인 국가개발은행과 중국-아프리카 개발기금을 통해 약 1,000억 달러를 지원했고, 아프리카에 진출한 중국 기업만 5,000개가 넘는 것으로 추정된다. 교통, 에너지, 광산, 주택, 산업단지 등 다양한 분야에서 대규모 사업을 추진하고 있으며, 특히 홍해 입구의 전략적 요충지인 지부티 항구를 임차해 아프리카 동부로의 진출을 강화했다.

디지털 금융 인프라 구축 실험

중국이 아프리카에 집중하는 이유는 단순한 경제 협력을 넘어 전략적인 이해관계와 맞물려 있다. 아프리카는 희토류, 석유, 천연가스 등 다양한 천연자원을 보유한 지역으로, 세계적으로 중요한 자원 공급처로 떠오르고 있다. 특히 첨단 산업에 필수적인 희토류가 풍부해 중국의 산업 공급망을 안정적으로 유지하는 데 중요한 역할을 할 수 있다.

또한, 아프리카는 장기적으로 매우 유망한 소비 시장으로 성장할 가능성이 크다. 2050년까지 아프리카 인구는 25억 명에 이를 것으로 전망되며, 그중 절반이 25세 미만의 젊은 층으로 구성될 것으로 예상된다. 젊고 빠르게 성장하는 인구 구조는 노동력 확보뿐만 아니라 새로운 소비층의 형성으로 이어질 수 있어, 중국이 중장기적으로 아프리카 시장을 선점하려는 중요한 이유가 된다.

이와 함께 아프리카 국가들이 국제 사회에서 가지는 정치적 영향력도 무시할 수 없다. 유엔에서 아프리카 국가들이 보유한 투표권은 54개에 달하며, 이는 국제 무대에서 중국이 지지를 얻는 데 중요한 자산이 된다. 중국은 경제 협력과 개발 지원을 통해 아프리카 국가들과의 관계를 공고히 하면서, 국제 외교 무대에서도 유리한 입지를 확보하려 하고 있다.

중국은 아프리카를 위안화 국제화의 실험 무대로도 활용하려는 움직임을 보이고 있다. 아프리카는 전통적인 금융 시스템이 취약한 반면, 스마트폰을 활용한 디지털 결제가 빠르게 확산되고 있다. 이에 따라 중국은 디지털 위안화를 도입해 금융 인프라를 구축하고, 나아가 국경간결제망CIPS을 활용해 SWIFT 시스템을 우회하려는 구상을 하고 있다. 특히, 케냐에서 개발된 간편결제 시스템인 M-PESA가 아프리카 전역에서 널리 사용되고 있는 점은 중국에 유리한 환경을 제공한다. 이미 디지털 금융 인프라를 빠르게 발전시킨 경험이 있는 중국은 이러한 흐름을 적극 활용해 아프리카에서 위안화 기반의 금융 시스템을 확산시키려 하고 있다.

일대일로를 견제하는 로비토 회랑 프로젝트

이처럼 중국이 아프리카에서 영향력을 확대해나가자, 미국과 유럽도 이를 견제하기 위해 대응에 나섰다. 2022년 바이든 미국 대통령은 49개국 아프리카 정상들과 아프리카연합AU 집행위원장을 워싱턴 D.C.로 초청해 정상회의를 개최하며, 중국의 영향력 확대를 경계하는 모습을 보였다. 이에 맞춰 러시아, 이탈리아, 튀르키예, 사우디아라비아 등도 아프리카 정상회의를 열며 각국의 이해관계를 반영한 협력 방안을 모색했다.

서방 선진국들은 보다 직접적으로 중국을 견제하기 위해 아프리카에서 인프라 프로젝트를 추진하고 있다. 대표적인 예가 미국과 EU, G7 국가들이 공동으로 추진하는 로비토 회랑Lobito Corridor 프로젝트다. 이 프로젝트는 콩고민주공화국과 대서양에 위치한 앙골라의 로비토항을 철도로 연결하는 총 100억 달러 규모의 복원 사업으로, 완공되면 잠비아의 주요 구리 광산 지역인 쿠퍼벨트까지 연장되어 G7 국가들의 산업 공급망과 직접 연결될 예정이다. 이 사업은 단순한 철도 인프라 구축을 넘어, 아프리카에서 중국의 일대일로 프로젝트를 견제하려는 서방 국가들의 맞대응 전략으로 여겨진다.

이처럼 아프리카는 강대국들의 전략적 이해관계가 충돌하는 뜨거운 각축장이 되고 있다. 중국은 경제 협력과 개발 지원을 앞세워 영향력을 확장하고 있으며, 미국과 유럽은 대규모 인프라 프로젝트를 통해 이에 맞서고 있다. 여기에 러시아, 인도, 튀르키예, 중동 국가들까지 가세했다. 아프리카 대륙에서 중국의 존재감을 계속 유지하는 것은 중국에게 또 하나의 도전이 될 것이다.

3부

미국의 압박
VS.
중국의 도전

6장

미국의
견제와 봉쇄전략

어제의 우방이
오늘의 적국

트럼프 대통령이 2기 취임 후 첫 순방지로 중동 지역을 택했고, 그 중에서도 사우디아라비아를 1순위로 방문했다. 통상 미국 대통령은 취임 직후 가까운 이웃 국가인 멕시코나 캐나다, 혹은 유럽의 주요 동맹국인 영국 등을 우선적으로 방문하며 외교 일정을 시작하는 것이 관례였다. 그런데 트럼프 대통령은 1기 때와 마찬가지로, 2기 첫 방문지로도 중동의 핵심국가인 사우디아라비아를 택한 것이다.

이보다 앞선 2025년 2월에는 사우디와 미국, 러시아 외무 국방 장관이 러시아-우크라이나 전쟁 종전을 위한 협상 테이블에 앉았다. 미국 마코 루비오 국무장관, 피트 헤그세스 국방장관과 러시아 외무 국방장관이 양쪽에 자리 잡고, 한 가운데 사우디아라비아 장관들이 주재하는 모습이 인상적이었다. 이 모습은 2023년 중국 베이징에서의 역사적 장면을 떠올리게 한다. 당시 중국의 중재로 이슬람 수니파 맹주인 사우디아라비아와 시아파 맹주인 이란이 국교 정상화에 합의했다. 그 회담에서도 중국 외교부장 왕이가 양국 외무장관의 손을 잡고 있었으며, 이는 중국이 중동 외교의 핵심 중재자로 부상하고 있음을 분명하게 보여주었다.

사우디의 브릭스 가입을 막고 페트로위안화 견제

사우디는 2024년 1월 1일자로 브릭스의 새 회원국이 될 예정이었으나, 현재 가입 여부는 불분명한 상태다. 그해 1월 2일 사우디 외무장관이 회원국으로 가입했다고 발표했으나 1월 중순 스위스 다보스포럼에 참석한 상무부 장관이 이를 번복했다. 이후 사우디는 공식적인 입장을 내놓지 않고 있다. 애초 사우디를 비롯해 이집트, 에티오피아, 이란, 아랍에미리트 등 5개국이 정회원국으로 합류하기로 했는데, 그중 사우디가 브릭스에 가입하게 된다면 그 상징적 의미가 매우 크다.

사우디와 미국은 안보와 석유로 묶인 오래된 동맹국이다. 1970년대 석유 거래를 달러로만 하기로 한 페트로달러 체제를 출범시켜 닉슨 쇼크 이후 방향을 알 수 없었던 달러 기축통화 체제를 강화시킬 수 있었다. 사우디는 1986년부터 달러페깅제(1달러=3.75리얄)를 유지하고 있어 미 연준 금리정책에 직접적인 영향을 받으며, 이 체제를 유지하기 위해 2024년 11월 기준 외환보유액 4,345억 달러로 세계 7위의 자리를 지키고 있다.

고정환율제를 운영하는 국가는 자국 통화의 가치를 미국 달러와 유로화 등 특정 통화에 일정하게 맞춰 두기 때문에, 외환시장이 불안정해질 경우 환율을 방어하기 위해 달러를 중심으로 대규모 외환보유액을 쌓아둬야 한다. 예를 들어 금융위기처럼 투자자들이 불안을 느끼고 자금을 회수하려 할 때, 자국 통화 가치가 하락할 조짐이 보이면 중앙은행이 시장에 달러를 내다 팔고 자국 통화를 사들여 환율을 일정 수준으로 유지한다.

홍콩이 경제 규모에 비해 높은 외환 보유액 순위를 보이는 것도 그런 이유다. 만에 하나 페트로달러 체제에 균열이 생긴다면 사우디는 환율 변동폭을 확대하거나 외환 정책을 조정할 가능성이 있다. 이는 미국에게는 최악의 시나리오가 될 것이다.

브릭스의 초청장을 받아둔 사우디는 일단 가입 결정을 미룬 상태다. 트럼프의 사우디 방문 목적은 페트로위안화를 무산시키고 사우디가 브릭스의 주요 회원국이 되는 것을 막으려는 시도로 해석된다. 만일 사우디가 브릭스 가입을 철회한다면 미국과 서구에 맞서 반서방블록을 형성하고자 하는 중국의 외교적 전략이 큰 타격을 입게 된다. 반대로 트럼프의 설득에도 불구하고 사우디가 브릭스의 회원국이 된다면 하나의 거대한 반서방, 글로벌 사우스 동맹체의 길로 한 걸음 더 나아가게 될 것이다. 특히 브릭스가 공동

통화와 브릭스 브릿지, 곡물거래소 등 금융분야 공조를 적극 추진하고 있어 장기적으로 탈달러화의 구심점으로 자리 잡을 가능성이 높다. 미국으로서는 그대로 용인하기 힘든 금융 프로젝트들이다.

한편 트럼프 대통령이 취임식 직전 아르헨티나 밀레이 대통령을 초청해 회담을 가진 것도 전임 페르난데스 대통령 때 확정되었던 브릭스 가입을 철회한 친서방, 친미 정책 방향 때문이라는 해석이 지배적이다.

파나마운하를 둘러싼 미중 대립

미국이 중국을 견제하려는 전략은 매우 다양한 영역에서 펼쳐진다. 흔히 떠올리는 군사적 봉쇄나 기술 패권 경쟁 외에도, 우리가 주목해야 할 중요한 지정학적, 경제적 전선들이 있다. 그중 하나가 바로 파나마운하다.

트럼프 대통령은 2025년 취임 연설과 SNS를 통해 "중국이 파나마운하를 운영하고 있다. 우리는 그것을 중국에게 준 것이 아니며, 파나마에게 준 것이다. 이제 다시 가져올 때다"라고 공개적으로 밝혔다. 트럼프는 파나마운하가 중국 손에 넘어간 것처럼 강한 어조로 비판을 이어가고 있으며, 무력 사용 가능성까지 시사한 바 있다. 또한 파나마운하를 이용하는 미국 선박에 "과도한 통행료"를 부과한다며 비판했다.

미국 동부로 향하는 모든 미국 컨테이너의 40%, 연간 2,700억 달러 규모의 화물이 파나마운하를 통과한다는 점을 생각해보면, 이곳은 단순한 물류 루트가 아니라 경제 안보의 핵심 축이다. 따라서 중국이 항만을 장악하거나, 화물 비중을 키우거나, 주변 인프라를 지배하는 것은 단순한 상업 문제가 아니라 국가안보 문제로 비화한다.

현재 파나마운하는 파나마 정부 산하 파나마운하청Panama Canal Authority이 단독으로 관리·운영하고 있으며, 파나마 대통령까지 나서서 트럼프의 주장을 일축하고, "파나마인만이 운하에 고용되며, 중국의 개입은 없다"고 단언했다. 그럼에도 불구하고 트럼프를 비롯 미국 내 강경파들은 파나마 정부에 중국의 영향력을 줄이도록 압력을 가했다. 결과적으로 친중국 성향의 중남미 국가였던 파나마는 중국의 일대일로 프로젝트에서 탈퇴한다고 밝혔고, 중국계 회사가 운영하는 항만 두 곳에 대한 감사를 진행했다.

중국은 파나마운하를 직접 운영하지는 않지만, 주변 항만과 인프라에서 상당한 존재감을 갖고 있다. 특히 발보아항과 크리스토발항, 두 곳은 홍콩 기반 허치슨포트홀딩스Hutchison Port Holdings의 자회사가 운영 중이다. 홍콩 재벌 리카싱이 소유한 이 회사는 국유기업은 아니지만, 미국에서는 "중국 정부가 언제든지 통제력을 행사할 수 있다"는 우려가 끊이지 않았다. 게다가 2023년 10월부터 2024년 9월까지 통계를 보면, 중국은 파나마운하를 이용하는 화물량 기준으로 미국(1위)에 이어 두 번째 큰 고객(21.4%)이다.

뿐만 아니라 중국은 파나마 내 철도, 교량, 크루즈 터미널, 언론·교육 프로그램 등에도 수십억 달러를 투자하며 일대일로 이니셔티브를 통해 영향력을 확대해왔다. 파나마는 2017년 대만과 단교하고 중국과 외교 관계를 맺은 첫 라틴아메리카 국가가 되었고, 이후 도미니카공화국, 엘살바도르, 니카라과, 온두라스 등이 잇따라 중국과 수교했다. 라틴아메리카, 즉 미국의 전통적 영향권에서 중국의 입지가 넓어지는 것은 미국 정치인들, 특히 트럼프와 같은 강경파에게는 심각한 안보 위협으로 인식된다.

파나마운하 문제는 과거의 영광이나 요금 다툼을 넘어, 미국의 안보 전략, 특히 중국 견제 전략과 직결된다. 트럼프가 이 문제를 극단적 언사로 끌어올리는 이유도 결국 여기에 있다. 미국의 안방과도 같은 파나마 지역을 포함해 중남미 지역에 중국의 영향력이 확대되는 것을 결코 좌시하지 않겠다는 강력한 메시지다. 파나마운하에 대한 미국의 압박에 중국은 "냉전식 사고방식"이라면서 "미국이 의도적으로 중국과 라틴아메리카 국가들 간 갈등을 조장하고 있으며, 중국의 정당한 권리와 이익을 훼손하고 있다"고 비난했다. 한편 파나마운하의 항구 두 개를 운영해온 홍콩의 CK허치슨그룹이 전 세계 23개국 43개 항만 운영사 지분 등을 미국의 블랙록 컨소시엄에 매각한다고 발표했다. 이에 대해 중국 정부가 제동을 걸고 나섰고, 미국은 지지하면서 양국이 첨예하게 맞섰다.

파나마의 일대일로 사업 탈퇴가 중국에 타격을 줄지, 아니면 동남아와 아프리카로 우회하거나 확장하는 계기가 될지는 지켜봐야 하겠지만, 반드시 일대일로가 아니라 하더라도 중국이 다른 방식의 차관 제공이나 경제 협력의 길을 적극 모색한다면 중남미에서의 미국과 중국은 더욱 첨예하게 대립할 것으로 보인다.

그린란드에서 벌어지는 일

트럼프 대통령은 1기 임기 때부터 "그린란드를 매입하고 싶다"는 의사를 여러 차례 밝힌 바 있다. 2019년에는 "그린란드를 보유하는 것은 덴마크에는 손실이지만, 미국에는 전략적 이익이 될 수 있다"고 말했다. 심지어 그는 파나마운하를 '돌려받겠다'는 말과 함께, 마치 대륙 차원의 부동산 전략을 언급하듯 그린란드 매입을 언급했다. 이 같은 발언 방식은 전형적인 트럼프식 메시지 전달법이다. 돌발적이고 도발적이지만, 그 이면에는 지정학적 계산이 숨어 있다.

실제로 그린란드는 단순한 얼음 섬이 아니다. 북대서양과 북극해 사이에 위치한 이 자치령은 덴마크 영토지만, 전략적으로는 북미와 북유럽을 동시에 겨냥할 수 있는 지정학적 요충지다. 5만 6,000여 명이 거주하고 있으며, 섬의 80% 이상이 얼음으로 덮여 있지만, 희토류, 석유, 천연가스 등 막대한 자원이 매장되어 있는 것으로 알려져 있다. 덴마크가 매각에 응할 가능성은 낮지만, 만약 주민투표로 결정된다면 향후 어떤 정치적 움직임이 나올지 예단하기 어렵다.

이 배경에는 급변하는 북극의 지정학이 있다. 중국은 2017년 '북극 실크로드'를 선언하며 자국을 '근近 북극국가'로 규정했고, 북극항로 개발과 자원 탐사에 적극적인 행보를 보이고 있다. 기존의 말라카 해협과 수에즈 운하를 경유하는 항로보다 북극항로는 최대 40%까지 거리와 시간을 단축할 수 있어, 경제적 가치 또한 막대하다. 특히 기후변화로 해빙이 가속화되며 이 항로의 현실화 가능성이 높아지고 있다.

이러한 상황에서 러시아는 북극 해안선의 절반 이상을 차지하며 기존 세력으로 자리잡고 있다. 풍부한 에너지 자원과 함께 북극에서의 군사·경제적 주도권을 유지해왔으며, 최근에는 중국과 협력 기조로 전환했다. 2024년 5월 베이징을 방문한 푸틴 대통령은 시진핑 주석과 함께 북극항로의 공동 개발 및 물류기반 구축을 공식 합의했다.

러시아의 우크라이나 침공 이후 서방은 중국─러시아 협력에 더욱 민감해졌다. 중국은 러시아의 방위 산업을 지원했고, 국제 무대에서도 러시아 편에 서는 모습을 보여왔다. 금융제재를 받는 러시아는 중국의 결제망CIPS을 활용해 제재를 우회하고 있으며, 양국 간 무역도 급증했다. 이에 따라 러시아의 위협을 실감한 핀란드는 2023년 오랜 중립국 지위를 버리고 나토NATO에 가입했고, 스웨덴도 뒤따랐다. 이처럼 유럽의 안보 지형은 급속히 재편되고 있으며, 북극 역시 단순한 경제적 항로를 넘어 안보의 핵심축으로 떠오르고 있다.

이러한 맥락에서 트럼프의 그린란드 매입 발언은 단순한 해프닝이나 돌출 행동으로만 볼 수 없다. 세계 지도를 펼쳐놓고 보면,

그린란드는 아메리카 대륙의 북쪽 연장선상으로 북극에 맞닿아 있다. 지리적으로는 덴마크보다는 미국과 캐나다로 이어지는 아메리카 대륙에 속한다고 볼 수 있다. 미국이 북극항로를 선점하려는 지정학적 계산, 러시아와 중국이 협력해 북극을 장악하려는 움직임에 대한 대응, 그리고 북유럽 안보를 통제하려는 의도가 복합적으로 얽혀 있다. 트럼프는 캐나다를 미국의 51번째 주로 삼고 싶다고 말한 바 있는데, 이는 북미 전체를 미국의 전략적 앞마당으로 통합하려는 '신먼로주의'(트럼프가 추진하는 미국 중심의 고립주의적 외교 노선. 19세기 초의 '미국의 이익을 최우선시 하고, 다른 나라의 일에 관여하지 않겠다'는 19세기 초의 '먼로주의'에서 착안했다. ― 편집자 주)적 사고의 연장선으로도 읽힌다.

결국 '북극으로 가는 길목'에 위치한 그린란드를 둘러싸고 미국과 중국, 러시아의 대결 구도가 작동하고 있다. 기후 변화가 만들어낸 새로운 지정학, 그 중심에 트럼프의 발언이 다시 주목받고 있는 이유다.

달러 패권을 사수하는
미국

트럼프 대통령은 브릭스 국가들이 추진 중인 공동통화 구상에 대해 "달러를 대체하려는 통화를 만든다면 100% 관세를 부과하겠다"는 엄포를 놓았다. 공식적인 정책으로 발표된 바는 없지만, 그가 관세율 '100%'를 언급했다는 점에서 브릭스 공동통화가 미국 입장에서 얼마나 민감한 사안인지를 단적으로 보여준다. 이는 미국이 어느 나라에 부과했던 관세보다도 훨씬 더 징벌적인 수치로, 단순한 협상 카드가 아니라 관계 단절을 불사하겠다는 메시지로 읽힌다.

손톱만큼도 건드릴 수 없는 '달러 패권'

미국은 그간 달러 패권에 도전하는 어떤 시도든 가장 강력한 수단으로 대응해왔다. 대표적인 사례가 마크 저커버그가 주도했던 글로벌 디지털 화폐 리브라Libra 프로젝트다. 2019년, 페이스북(현 메타)은 전 세계적으로 통용되는 디지털 화폐를 만들겠다는 구상을 발표했다. 페이스북 메신저, 인스타그램, 왓츠앱 등 수십억 명이 사용하는 플랫폼과 연계해 디지털 공간에서 간편하게 결제·송금할 수 있는 리브라는 많은 사람들에게 혁신적인 아이디어로 비춰졌다. 하지만 미국 의회와 정부는 이 계획을 달러 기반의 기존 결제 시스템을 위협하는 시도로 간주했고, 저커버그는 의회 청문회에 출석해 강도 높은 질타를 받았다. 이 과정에서 리브라 프로젝트는 전 세계 단일 디지털 화폐가 아닌 각 나라별로 디지털 화폐를 만드는 것으로 후퇴했고, 이름도 디엠Diem으로 바뀌었다. 그러나 이마저도 규제와 정치적 반대에 부딪혀 2022년 완전히 폐기되었다.

　과거에도 비슷한 사례는 있었다. 1997년 아시아 외환위기 초기에 일본은 아시아통화기금AMF을 창설해 위기에 처한 아시아 국가들들을 구제하려는 계획을 추진했다. 이는 기존 IMF와 별개로, 아시아 지역 자체의 금융위기 대응체계를 갖추겠다는 구상이었다. 당시 일본은 아시아 유일의 G7 회원국으로서, 금융 인프라 측면에서도 가장 앞서 있었기에 충분히 실현 가능한 계획처럼 보였다. 하지만 미국이 'IMF와의 중복', '달러 중심의 국제 금융질서에 대한 위협'을 이유로 강력히 반대했고, 결국 AMF 구상은 조용히 사라졌다. 만약 AMF가 출범했다면, 아시아개발은행ADB과 함께 아시아판 IMF-세계은행 체제가 구축될 수도 있었을 것이다.

한편 리비아의 군인 출신 독재자 카다피가 미국의 제거 대상이 된 이유 중 하나로 지중해 연안 아프리카 국가들을 중심으로 지역 공동화폐인 '골드 디나르' 구상을 추진했기 때문이라는 주장도 있다. 그 누구도 사실이라고 인정한 적은 없으나, 달러 패권에 도전해서 응징당한 사례로 종종 인용되고 있다.

달러 패권이 미국 정부와 기업, 금융회사, 그리고 미국인들에게 주는 이익은 상상하기 힘들 정도로 막대하다. 우선 단순하게 보더라도 미국 정부는 대규모 재정적자를 국채를 발행해 메우고, 월가 금융회사들은 달러 중심의 글로벌 금융시장에서 큰 돈을 벌고, 미국인들은 환율 위험에서 자유롭다. 미국은 달러 체제에 흠집이 날 수 있다면 조그만 움직임이라도 면밀히 모니터링하고, 아주 초기에 제거하는 원천봉쇄 작전을 펼친다. 달러 체제를 방어하기 위해서라면 미국은 공화당과 민주당, 개인들의 정치적 성향, 어느 경제 주체를 막론하고 일치단결하는 모양새다.

CBDC 금지 행정명령은 디지털 위안화 '발목 잡기'

미국의 달러 패권 수호 전략은 이제 디지털 세계로까지 확장되고 있다. 트럼프 대통령은 취임 직후, 중앙은행 디지털 화폐CBDC의 개발, 발행, 유통, 사용을 전면 금지하는 행정명령을 내렸다. 대선 캠

페인 때 여러 차례 CBDC가 자유에 대한 위협이라고 비판했다. 비트코인 2024 연설에서도 CBDC를 자신의 임기 동안에는 보지 못할 것이라고 말했다. 이에 청중들은 웅성거리며 혼란스러워하기도 했다. '금융 시스템의 안정성 훼손', '개인 프라이버시 침해', '미국의 주권 위협' 등을 CBDC 금지 조치 이유로 제시했지만, 실질적으로는 디지털 위안화를 실용화한 중국의 CBDC 확산을 견제하기 위한 목적이 강하다. 이 행정명령은 연방 정부 내 모든 기관이 CBDC 관련 연구, 개발, 홍보, 시범 운영을 즉시 중단하도록 명시했고, 이는 바이든 행정부 시절 진행된 CBDC 검토 작업들을 사실상 백지화하는 조치였다.

미국은 대체로 CBDC에 대해 상당히 소극적이었다. 하지만 중국의 디지털 위안화 실용화, 국제결제은행의 CBDC 보고서, 주요국 중앙은행들의 적극적인 개발 등 다른 흐름이 보이자 미국 내의 분위기도 바뀌었다. 세계적인 CBDC 도입 움직임에 미국이 소외된다면 달러 패권에 균열이 생길 수 있다는 주장이 나온 것이다. 이에 바이든 전 대통령은 재임 당시인 2022년, 디지털 자산에 대한 '책임 있는 개발'을 내세운 행정명령을 발표하며 CBDC 도입을 적극 검토하도록 지시한 바 있다. 이에 따라 연방준비제도, 재무부, 상무부, 증권거래위원회 등이 다양한 관점에서 CBDC 관련 보고서를 내놓았고, CBDC는 금융 안정성, 소비자 보호, 국가 안보 등 여러 이슈와 연계되어 중요한 정책 과제로 부상했다. 특히 2022년 7월에는 재무부 주도로 '디지털 자산에 대한 국제적 참여에 관한 기본 틀'까지 제시되며, 국제 금융환경 속에서의 미국 주도권 확보를 위한 논의가 활발히 이뤄졌다. 하지만 2025년 2기 임기를 시작하자마자 트럼프가 이러한 논의들을 모두 중단시키고, CBDC 금지를 공식화한 것이다.

CBDC를 금지시킨 것은 명백하게 중국이 주도해온 디지털 위안화 실험과 글로벌 확산을 막기 위한 것이다. 중국은 이미 2020년부터 선전, 쑤저우, 청두, 슝안 등에서 디지털 위안화 시범 사업을 실시해왔으며, 2022년 베이징 동계올림픽에서는 외국인 방문객을 대상으로 국제 사용 가능성도 시험했다. 특히 중국은 디지털 위안화를 일대일로 참여국들과의 무역 결제 수단으로 확대하려는 의도를 갖고 있으며, 이는 기존 달러 중심의 글로벌 결제 질서를 뒤흔들 수 있는 시도로 간주된다.

CBDC는 단순한 화폐의 디지털 전환을 넘어, 각국 중앙은행이 직접 화폐를 공급함으로써 통화정책의 정밀성과 효율성을 제고할 수 있는 잠재력을 지닌다. 또한 은행 계좌가 없거나 금융 접근성이 낮은 계층에게 새로운 금융 포용 수단이 될 수 있다는 점에서, 세계 주요 국가들은 CBDC를 미래 화폐 시스템의 핵심 인프라로 인식해왔다. 그러나 미국은 CBDC가 오히려 정부의 권력 남용, 사생활 침해, 경제 통제 수단이 될 수 있다는 우려를 이유로 이를 제도권에서 배제하는 방향을 선택했다. 결국 트럼프 행정부의 CBDC 금지는 겉으로는 프라이버시와 자유시장 질서를 내세우지만, 본질적으로는 중국이 주도하는 디지털 통화 국제화 시도, 특히 디지털 위안화의 확산과 페트로위안화 같은 대체 결제 시스템에 대한 반격이자 방어책인 셈이다.

한편, 한국은행은 2021년부터 CBDC의 기본 기능을 개발해 업그레이드해왔고, 2023년부터는 금융기관과 연계해 실제 금융 환경에서의 적용 가능성을 연구해왔다. 2025년에는 '프로젝트 한강'을 통해 10만 명을 대상으로 CBDC와 예금토큰 기반의 디지털 금융 서비스를 실증했다. 이 프로젝트에서는 종이 상품권과 카드 기반 바우처를 디지털화해 모바일 QR코드로 결제하는 실험이 진행되었다. 블록체인 기반 예금토큰은 예금과 동일한 법적 효력을 지니고 예금자 보호가 적용된다. 홈쇼핑, 편의점, 마트, 서점 등 온·오프라인 가맹점이 참여했으며, 디지털 바우처는 지급 조건 설정과 사용자 정보 연계를 통해 부정수급을 차단할 수 있는 기능도 실험됐다. 한국은행은 이처럼 철저하게 준비를 진행하면서도, 주요국 중앙은행들의 정책 방향을 지켜본 뒤 실제 도입 시기를 결정하겠다는 신중한 입장을 유지하고 있다.

미국을 암호화폐 강국으로

트럼프 대통령은 2기 임기 초부터 암호화폐 관련 정책을 핵심 과제로 삼았다. 앞서 본 CBDC 금지와 더불어 비트코인 비축, 스테이블코인 육성은 암호화폐와 관련된 행정명령의 세 가지 축이다. 트럼프는 정부 통제형 CBDC는 배격하면서도, 민간 주도의 비트코인과 스테이블코인은 미국 패권 유지를 위한 전략적 자산으로 활용하려 한다. '선별적 수용과 전략적 무기화'의 성격을 취한 셈이다. 그는 "미국이 비트코인을 보유해야 한다"고 주장하고, 달러 연동 스테이블코인을 통해 암호화폐 생태계 속에서도 달러 체제의 우위를 유지하려는 전략을 드러냈다.

이러한 기조는 2024년 7월 테네시 주 내쉬빌에서 열린 '비트코인 2024' 컨퍼런스에서 확연히 드러났다. 트럼프 대통령은 이 자리에서 비트코인 100만 개를 미국 정부의 전략 자산으로 비축하겠다고 밝히고, 바이든 행정부 시절의 반反암호화폐 정책과 규제를 전면 폐지하겠다고 선언하며 "미국을 비트코인과 암호화폐의 수도로 만들겠다"고 목소리를 높였다.

트럼프는 1기 행정부 시절인 2021년까지만 해도 비트코인을 "사기"라고 비난하고, "나는 미국 달러를 좋아한다"며 암호화폐에 부정적인 입장을 유지했다. 그러나 2024년 대선을 앞두고 입장을 선회했다. 캠프 내부에 포진한 암호화폐 친화적 인사들의 설득, 그리고 미국 내 암호화폐 투자자가 약 1억 7,000만 명에 달한다는 추정이 그의 입장을 바꾸는 정치적 동기가 되었을 가능성이 크다. 비트코인 2024에 참석한 젊은 남성 유권자들의 지지를 노린 전략은 실제로 지지층을 결집하는 데 성공적인 효과를 거뒀다. 그러나 이를 단순한 선거용 전술로만 볼 수는 없다. 트럼프가 비트코인을 전략 자산으로 비축하겠다고 밝힌 것은, 암호화폐 생태계 내에서 디지털 기축통화로 자리잡은 비트코인을 배제하기보다는, 오히려 이를 활용해 미국의 달러 패권을 보완하겠다는 전략으로 해석된다.

비트코인을 중심으로 한 암호화폐 생태계는 빠르게 성장하며, 장기적으로 달러 패권을 위협할 수 있다는 평가도 있다. 디파이DeFi, 메타버스, NFT 등 다양한 프로젝트들이 암호자산 기반으로 운영되고 있으며, 수많은 소프트웨어 엔지니어, 벤처캐피털, 그리고 전통 금융기관들이 이 생태계에 활발히 참여하고 있다. 비트코인과 이더리움은 ETF 상품으로 뉴욕증권거래소 등에 상장돼 있고, 월가 금융기관들도 암호자산 관련 펀드와 예탁 서비스를 확대하고 있다.

트럼프 행정부의 암호화폐 수용 선언은 이러한 흐름을 반영한 것이며, 반면 중국은 내부 통제와 규제로 인해 암호화폐 분야에서 후퇴하고 있는 시점이다. 한때 중국은 비트코인 채굴과 거래에서 세계를 선도했으나, 2021년 국무원 결정을 통해 이를 단속하겠다고 발표했다. 이후 네이멍구, 신장, 쓰촨성, 윈난성 등의 채굴장이 폐쇄됐고, 인민은행은 암호화폐 거래와 채굴을 전면 불법화했다. 중국의 비트코인 금지 결정은 암호화폐를 통한 자본 유출과 외환 통제를 위협하는 요인을 차단하기 위해서였다. 트럼프는 바이든 정부가 암호자산을 규제 대상으로 본 것이 "전략적 실책"이라며 강하게 비판했다. 이런 상황에서 미국이 먼저 암호화폐 분야를 주도한다면, 자금과 인재 유입이라는 실질적인 이익도 기대할 수 있다.

달러 패권의 수호를 위한 스테이블코인

한발 더 나아가, 트럼프 행정부가 암호화폐 생태계를 주도할 디지털 자산으로 선택한 것은 바로 스테이블코인이다. 스테이블코인은 달러 등 실물 자산을 담보로 1달러=1코인 형태로 발행되어, 암호화폐 생태계 내에서 달러의 역할을 대체하는 구조다. 실물 달러는 블록체인에서 직접 사용이 불가능하기 때문에, 스테이블코인은 디지털 환경에서 달러의 확장판처럼 작동한다.

비트코인이 '디지털 금'으로 상징되며 암호화폐 시장의 기축 역할을 하지만, 가격 변동성이 커서 안정적인 결제 수단으로는 한계가 있다. 반면, 스테이블코인은 구조적으로 가격이 1달러 근처에 고정되어 있어 암호화폐 생태계의 실질적인 유통 통화 역할을 하고 있다. 대표적으로 테더재단이 발행한 USDT와 서클의 USDC가

1달러에 페깅되어 있는 스테이블코인. 미국 중심의 달러패권을 암호화폐 생태계 속에서도 굳히려는 전략이다.

있으며, 2025년 3월 기준으로 USDT는 시가총액 1,445억 달러로 비트코인, 이더리움에 이어 전체 암호자산 중 3위, USDC는 약 587억 달러로 7위다.

스테이블코인은 달러 기반으로 발행되어 글로벌 암호자산 생태계에서 달러의 영향력을 자연스럽게 확장시키는 도구가 된다. 거래량이 증가할수록 달러 수요가 늘고, 이는 곧 미국의 달러 패권 강화로 이어진다. 암호화폐 거래소에서는 유로, 엔화 등 기타 통화 기반의 스테이블코인도 존재하지만, 달러 기반 스테이블코인이 시장을 압도하고 있다. 달러 기반 스테이블코인의 비중은 SWIFT나 국제 무역 자본 거래에서 실물 달러가 차지하는 비중을 훨씬 능가할 정도로 크며, 이는 암호화폐 생태계 속에서 달러가 독점적인 기축통화 지위를 누리는 또 다른 증거다.

트럼프 정부의 행정명령은 CBDC는 금지하면서도 스테이블코인은 지원한다는 입장을 분명히 했다. 그는 스테이블코인을 통한 금융 서비스 접근성을 강화하고, 미국 주도의 글로벌 디지털 금융 질서를 확립하겠다고 밝혔다. 이는 스테이블코인이 이미 달러 패권을 디지털 공간에 심어놓고 있다는 현실을 반영한 전략적 수용이다.

트럼프는 이 같은 전략을 보다 공고히 하기 위해 실리콘밸리 출신 기업가 데이비드 색스David Sacks를 '인공지능 및 가상자산 차르'로 임명했다. 페이팔 COO 출신이자 일론 머스크와 다양한 프로젝트를 함께한 색스는 트럼프 정부 내 가상자산 실무그룹을 이끌게 되었다. 트럼프는 "AI와 암호자산은 미국 경쟁력을 좌우할 핵심 분야"라며 이 둘을 연계해 미국의 기술 우위를 확보하겠다는 의지를 드러냈다. 암호화폐와 AI는 얼핏 별개처럼 보이지만, 데이터 기반의 금융기술이 AI에 의해 가속화될 수 있다는 점에서 접점을 갖는다.

이처럼 트럼프는 비트코인을 포용하고, 스테이블코인을 활성화하며, CBDC는 철저히 배제하는 전략을 선택했다. 이는 단순한 규제 철폐 수준이 아니라, 미국 중심의 디지털 자산 질서를 구축하려는 방향 설정이다. 이미 암호화폐 생태계에 달러 체제를 정착시킨 스테이블코인을 전폭적으로 수용해 달러 패권을 굳게 다지려는 것이다. 스테이블코인은 안정적으로 달러 수요를 창출할 것으로 예상된다. 뿐만 아니라 JP모건, 블랙스톤 등 전통 금융회사들이 자체적으로 스테이블코인을 만들거나 암호화폐 ETF와 예탁서비스에 참여하고 있다. 이에 따라 암호화폐 생태계와 전통 금융권의 협업과 상품 서비스 개발이 가속화될 것으로 전망된다.

암호자산 시장에서의 기축통화 자리를 놓고 중국과의 경쟁이 본격화되는 가운데, 트럼프의 미국은 달러 기반 스테이블코인을 전방위적으로 확장하고 비트코인을 전략자산으로 비축하는 쪽으로 선제적인 움직임을 취하고 있다.

수위를 높여가는
대중국 압박 전략

환율조작국 지정해 낙인 찍기

미국의 달러 체제를 유지하는 주요 수단 중 하나가 환율조작국 지정이다. 미국은 자국이 정한 기준에 따라 다른 나라를 '환율 관찰대상국' 또는 '환율조작국'으로 분류하고 압박을 가한다. 대미무역흑자가 200억 달러 이상, GDP 대비 경상수지 흑자 2% 이상, 외환시장에 반복적 개입 등 세 가지 조건 중 두 가지를 충족하면 우선 관찰대상국으로 지정된다. 이후에도 개선 조치가 없을 경우, 환율조작국으로 지정될 수 있다. 미국과 교역이 활발한 우리나라도 대미 무역흑자가 쌓이면서 정부의 환율 개입 등을 이유로 2016년 환율 관찰대상국으로 지정되었으며, 2023년 말 한 차례 해제되었다가 2024년 11월 다시 관찰대상이 되었다. 그만큼 교역 상대국에 대한 미국의 환율 모니터링은 지속적이고 엄격한 편이다. 환율조작국 지정은 미국이 달러 패권을 운용하는 중요한 수단이다.

트럼프 1기였던 2019년 8월, 미국은 중국을 환율조작국으로 지정한다고 발표했다. 이에 앞서 미국이 중국산 제품에 10% 추가 관세를 부과하자, 중국은 위안화 가치를 낮춰 환율을 달러당 7위안 이상으로 유도하며 대응했다. 관세로 인해 수출품 가격 경쟁력이 떨어지는 것을 보완하기 위한 조치였다. 이후 두 국가는 2020년 1월 '1단계 무역합의'를 체결했고, 이에 따라 중국은 환율조작국 지정에서 해제되었다.

환율조작국 지정은 해당 국가에 대해 미국이 무역이나 금융 분야에서 제재를 가할 수 있는 법적 근거를 마련한다. 예를 들어, 미국 정부 조달시장 참여에 배제하거나 미국 기업의 투자 제한 조치를 검토할 수 있다. 국제통화기금IMF을 통한 통화정책 조사도 이뤄질 수 있다. 무엇보다도 '불공정한 환율 정책을 편 국가'라는 낙인은 다른 나라와의 통상과 금융 거래에도 부정적인 영향을 미친다.

미국의 환율조작국 지정 기준은 겉보기에는 객관적인 경제 지표를 따르지만, 실제 적용과 대응 수준은 해당 국가와의 정치·외교적 관계에 따라 달라진다. 2019년 중국의 경우는 세 가지 요건에 모두 해당되지 않았는데도 지정된 사례로, 이와 유사하게 지정된 베트남과 스위스, 독일 등의 경우는 단기간에 환율조작국에서 해제되거나 거의 제재가 가해지지 않았다는 점에서 중국에 대해 유독 엄격하다는 주장이 나온다. 실제로 트럼프 행정부 1기인 2019년 미국은 중국을 환율조작국으로 지정하고 IMF에 조사 협조를 요청했다. 그러나 IMF는 위안화 환율에 대한 조작 증거를 찾기 어렵다는 내용을 담은 공식 보고서를 발표해 미국 정부와 입장 차이를 보이기도 했다.

월가를 봉쇄하라, 뉴욕증시에서 퇴출당한 중국 기업

뉴욕증권거래소나 나스닥에 상장하는 것은 전 세계 기업에게 명예와 신뢰의 상징으로 여겨진다. 특히 상장 당일 개장식에서 단상에 올라 종을 울리는 순간은 스타트업이든 기존 기업이든, 그동안의 노력이 결실을 맺는 감격적인 순간이다. 매주 1, 2회 꼴로 새로운 상장기업을 위한 종 울리기 이벤트를 개최할 정도로 뉴욕증시는 전 세계 기업의 이목이 집중되는 곳이다.

한때 중국 기업들도 이러한 영광을 누리는 주인공이었던 시절이 있었다. 특히 2010년대 중반까지는 매년 수십 개의 중국 기업들이 뉴욕증시나 나스닥에 상장했다. 알리바바, 바이두, 징둥닷컴, 웨이보 등 주요 중국 플랫폼 기업들이 잇따라 미국 시장에 진입하며 대규모 자본을 조달했고, 이는 중국 내 혁신 기업 생태계가 글로벌 자본시장과 활발히 연결되는 중요한 통로였다.

하지만 이 같은 흐름은 1기 트럼프 행정부 출범 이후 뚜렷한 전환점을 맞게 된다. 2021년 1월, 미국은 차이나텔레콤, 차이나모바일, 차이나유니콤 등 3개 중국 국영 통신사의 주식 거래를 중단시켰고 이후 상장 폐지 절차가 진행되었다. 이들 기업은 미국 증권거래위원회의 조치에 반발해 소송을 제기했지만 기각되었다.

이 조치는 단순한 상장 요건 미달이 아니라, 미국의 안보적 판단에 근거한 것이었다. 2020년, 트럼프 대통령은 중국의 군산복합체CMIC, Chinese Military-Industrial Complex 관련 기업에 투자를 금지하는 행정명령을 발동했다. 이는 미국 자본이 중국의 군사력 증강에 기여하는 것을 차단하려는 목적이었다. 해당 행정명령에 따라 CMIC로 지정된 기업은 미국인의 직접투자뿐 아니라, 주식·채권·펀드·파생상품 투자까지 금지되며, 미국 금융기관이 이들에게 금융 서비스를 제공하는 것도 불가능해진다. 이미 투자한 자산도 일정 기간 내에 의무 매각해야 하기 때문에 실질적인 손실이 불가피하다.

바이든 행정부는 이 조치를 계승하면서 감시기술, 인공지능, 첨단 반도체 등 민군 겸용 기술 분야를 중심으로 CMIC 명단을 확대했다. 중국의 국유기업 및 국영기업 다수가 군과 지분 관계나 기술 연계성을 갖고 있기 때문에, 이는 결과적으로 월가에서의 중국 기업의 자본조달을 구조적으로 봉쇄하는 결과를 낳았다. 상장 폐지 이후, 차이나텔레콤 등은 홍콩 증시에 재상장했지만, 글로벌 투자 접근성은 크게 제한되었다.

한편, 미국은 자국 내 상장 기업에 대한 회계 투명성 확보를 위해 2021년부터 외국회사책임법HFCAA: Holding Foreign Companies Accountable Act을 본격 시행했다. 이 법에 따르면, 미국 회계감독기관PCAOB이 3년

연속 감사 접근을 하지 못할 경우, 해당 외국 기업은 뉴욕증시나 나스닥에서 강제 상장폐지된다. 이는 국가 안보를 이유로 회계자료의 해외 반출을 제한하는 중국 정부의 데이터보안법과 정면 충돌했다. 하지만 갈등이 격화되자 양국은 절충을 모색했고, 중국은 감사 자료를 홍콩으로 반출하는 타협안을 통해 미국의 요구를 일부 수용했다.

이처럼 미국이 금융과 회계, 투자 심사 전반에 걸쳐 중국 기업을 겨냥한 규제를 강화하자, 중국 정부도 대응에 나섰다. 중국 증권감독관리위원회는 2023년 3월 해외 증권 발행과 상장 관리에 대한 규정을 만들었다. 이 규정에 따라 해외 증시에 상장하려는 중국 기업은 모두 증감위에 등록해야 하고 데이터 보호와 사이버 보안 심사를 받아야 한다. 특히 국가 안보 위협이나 핵심기술 유출 우려가 있거나, 내부 통제 실패 사례가 있으면 상장이 허용되지 않는다. 이처럼 IPO 사전 심사가 강화됨에 따라 미국 증시 상장이 줄어들게 되었고, 중국 정부는 대신 홍콩 증시에 상장하도록 유도하고 있다. 이는 본토와 연계성이 높은 홍콩을 교두보로 삼아 미국과 금융 분리를 통해 만일의 경우 제재 리스크를 줄이려는 것이다.

현재 미국 증시에 상장되어 있는 중국 기업들은 250여 개로 집계된다. 알리바바와 바이두, 징둥 등 IT 기업들의 거래가 활발한 편이다. 그러나 미중 갈등 속에서 상장 기업과 시가총액은 감소하는 추세다. 미국의 견제와 상장 리스크 헤지를 위해 많은 중국 기업들이 미국과 홍콩에 이중으로 상장하는 전략을 취하고 있다.

미국의 첨단기술을 사수하는 법적 기반

기존에 중국에 진출했던 미국 기업들이 점차 철수하거나 사업을 축소하고 있는 가운데, 첨단기술을 보유한 미국 기업들은 아예 중국 진출 자체가 원천적으로 차단되고 있다. 미국은 반도체, 인공지능, 양자기술 등 핵심 분야를 중심으로 중국에 대한 기술 이전과 자본 유입을 전방위적으로 제한하고 있으며, 이는 단순한 제품 수출 통제를 넘어선 조치다. 2023년 바이든 대통령은 이러한 전략의 일환으로 행정명령을 통해 미국 자본이 중국의 해당 기술 분야에 투자하는 것을 전면 금지했다. 미국 재무부는 이들 기술이 차세대 군사, 사이버 안보, 감시 시스템의 핵심이라는 점에서 기술 유출과 군사적 전용 가능성을 차단하려는 의도라고 밝혔다. 특히 민간과 군사에 모두 활용 가능한 이중용도 기술의 경우, 통제 수준은 더욱 강화되고 있다.

이러한 전략적 조치는 단발성에 그치지 않고, 법적 기반을 바탕으로 제도화되어 왔다. 2018년 제정된 외국인투자위험조사현대화법FIRRMA은 중국 기업들이 미국의 첨단기술 보유 기업을 인수하는 것을 방지하기 위해 마련되었다. 2010년대 중반, 중국 기업들이 미국의 반도체, 인공지능, 로봇 기업들을 집중적으로 인수하면서 기술 유출 우려가 커졌기 때문이다. FIRRMA는 외국인이 미국 기업의 경영권을 확보하거나 지배적인 투자를 할 경우, 외국인투자심의위원회CFIS의 엄격한 심사를 거치도록 의무화하고 있다. 이 조치로 인해 중국 기업이 미국의 첨단기술 기업에 투자하거나 지분을 확보하는 것은 사실상 불가능해졌다.

또한 수출통제개혁법ECRA은 미국 기술이 중국, 러시아, 북한, 이란 등 적대적 국가로 이전되는 것을 차단하는 데 초점이 맞춰져 있다. 해당 법은 반도체, 인공지능, 양자컴퓨팅, 바이오, 우주항공 등 전략 기술을 수출통제 대상 기술로 지정하고 있으며, 미국 기업뿐 아니라 미국 기술이 일부라도 포함된 제품을 수출하는 외국 기업에도 동일하게 적용된다. 위반 시에는 벌금은 물론, 미국 내 영업 금지, 달러 결제 차단 등 엄격한 제재가 내려진다. 이에 따라 미국 상무부 산업안보국은 블랙리스트Entity List를 운영하며, 화웨이, SMIC, DJI 등 주요 중국 기술 기업을 제재 대상으로 지정해왔다.

미 국방부는 여기에 더해 중국 군산복합체CMIC 리스트를 별도로 운영하고 있다. 이는 인민해방군과 연계된 기업, 민군 겸용 기술을 개발하거나 남중국해 군사기지 건설, 해외 군사 확장에 기여하는 기업들에 대한 투자를 제한하는 조치로, 군사안보적 차원에서의 대중국 견제다. 나아가 2024년 12월, 바이든 대통령이 서명한 2025 회계연도 국방수권법NDAA는 이러한 전략을 제도적으로 더욱 강화했다. 이 법은 중국을 미국의 주요 안보 위협으로 명시하고, 대만 방어체계 강화, 미국의 무기 수출 확대, 반도체 및 AI 등 전략 기술 분야에서 중국과의 자본 및 기술 연결을 완전히 차단하는 내용을 포함하고 있다.

한편, 이러한 미국의 대중국 견제는 국제 공조 체계와 함께 움직이고 있다. 한국, 일본, 유럽연합, 호주 등 주요 동맹국들이 미국과 보조를 맞춰 중국 기업 제재에 동참하고 있으며, 특히 반도체 분야에서는 '칩4 동맹(한국·미국·일본·대만)'을 통해 첨단 공급망에서 중국을 배제하는 전략을 취하고 있다. 여기에 네덜란드의 기업 ASML이 첨단 반도체 생산에 필수적인 노광장비의 대중 수출을 통제하면서, 사실상 '칩5 체계'가 형성되었다.

트럼프 녹색정책 축소는 중국 친환경에너지 산업 겨냥

에너지 및 산업 정책에서도 이러한 움직임은 강화되고 있다. 인플레이션감축법IRA은 중국산 태양광 부품이나 희토류 등 재생에너지 분야에서의 의존도를 낮추기 위한 조항을 포함하고 있으며, 전략 산업의 공급망 독립성을 확보하려는 목적이 담겨 있다. 트럼프 2기 들어 미국은 친환경녹색 정책을 대폭 축소하거나 폐기하고, 오히려 화석연료 사용을 확대하는 방향으로 전환하고 있다. 이러한 조치는 단순한 에너지 정책 변화가 아니라, 세계 시장을 선점한 태양광, 풍력 등 중국의 친환경 에너지 산업을 견제하려는 의도가 더 강하다. 특히 태양광 패널, 배터리, 희토류 등 친환경 산업의 핵심 기술과 원자재 공급망에서 중국이 압도적인 경쟁력을 갖고 있는 상황에서, 친환경 정책을 강화할수록 미국 내 관련 산업보다 중국 기업에 더 큰 수혜가 돌아간다는 판단이 작용한 것이다.

한편 트럼프 전 대통령은 바이든 행정부의 인공지능 관련 규제 행정명령을 철회하고, 대폭적인 규제 완화를 통해 AI 기업들의 기술 개발을 활성화하는 조치를 내놓았다. 이는 미국이 인공지능 분야에서도 중국과의 패권 경쟁에서 주도권을 잡으려는 전략의 일환이다. 그러나 중국의 스타트업 딥시크DeepSeek가 OpenAI의 GPT에 필적하는 AI 모델을 출시하며, 기술력 측면에서 양국 간 경쟁은 새로운 국면에 접어들고 있다.

USCC에서 마러라고 합의까지, 대중국 경제·안보 전략의 진화

2002년 6월, 미중경제안보검토위원회ㅁscc는 미국 의회의 초당적 기구로 출범한 이후 첫 보고서를 통해, 미국과 중국 사이의 경제적 상호의존 관계가 안보적 위협으로 전이될 수 있다는 문제의식을 제기했다. 이 보고서는 무역 불균형 개선과 함께 기술 유출, 공급망 취약성, 환율 조작 등 중국과의 경제 관계 전반을 국가안보의 관점에서 재구성해야 한다고 강조했다. 특히, 민감 기술의 군사적 전용 가능성과 위안화 저평가 문제는 그 시점부터 이미 미국의 구조적 대응이 필요하다는 경고의 일환이었다.

당시는 중국이 WTO에 가입한 직후였고, 클린턴 행정부는 중국을 경제적으로 포용하면 정치적 자유도 함께 확산될 것이라는

'통상 낙관론'을 믿고 있었다. 하지만 USCC는 이러한 기조에 의문을 제기하며, 경제적 자유가 반드시 민주주의로 이어지는 것이 아니라는 점과, 중국의 국유기업 중심 체제와 불공정한 시장 관행이 오히려 미국의 기술력과 산업기반을 침식시킬 수 있다는 점을 지적했다. 보고서는 중국에 부여된 영구적 정상무역관계PNTR 지위를 재검토할 것을 포함해, 대중 투자 심사, 수출 통제, 환율 감시 등 일련의 제도적 수단 강화를 권고했다.

2000년대와 2010년대를 거치며 이러한 권고는 제도적으로는 주목받았지만, 정책으로 실현되지는 못했다. 이유는 명확하다. 중국은 외자 유치와 거대한 내수시장을 무기로 삼아 미국의 글로벌 기업들을 끌어들였고, 이들 기업은 중국에서 막대한 수익을 거두며 본국 정치권에 대한 강력한 로비 세력으로 변모했다. 애플, GM, 스타벅스, 맥도널드 등 미국의 상징적 브랜드들이 중국 소비시장을 기반으로 글로벌 지배력을 강화하는 동안, 미국 내에서는 제조업 쇠퇴와 기술 유출에 대한 경고가 뒷전으로 밀려났다.

트럼프 시대, 경제안보 전략의 금융화로 진입하다

시간이 흐르며 미중 관계는 점차 전략적 경쟁 국면으로 전환되었고, 트럼프 행정부는 USCC의 지속적인 경고와 권고사항을 본격적인 정책 기조로 전환시켰다. 2018년부터 시작된 고율 관세 부과와 기술 수출 통제 강화는 그 연장선이었다. 그리고 트럼프 2기에서는 경제안보 전략이 한층 더 진화하며, 금융·통화 영역으로 확대되었다. 그 결정판이 바로 '마러라고 합의'다.

2024년 11월, 트럼프 대통령의 경제참모 스테판 미란은 '글로벌 무역체제 재구성을 위한 사용자 가이드'를 발표하며 미국 국채 구조 개편을 골자로 한 새로운 통화질서 구상을 제안했다. 1985년 플라자합의에 빗대어 '마러라고 합의'라고 불리는 이 구상은, 외국 중앙은행들이 보유한 미국 국채를 만기 없는 초장기 채권, 즉 사실상 '영구채'로 전환하도록 유도함으로써, 미국의 재정 부담을 경감하고 달러 약세를 유도하려는 의도를 담고 있었다. 미란은 이를 통해 달러에 대한 수요를 조절하고 제조업 리쇼어링을 간접 지원하겠다는 전략을 제시한 것이다.

이러한 구상은 트리핀 딜레마를 재해석하고 돌파하려는 시도였다. 기축통화국은 세계에 달러를 공급하기 위해 필연적으로 경상수지 적자를 유지해야 하며, 그로 인해 산업 경쟁력이 약화될 수밖에 없다는 구조적 모순을 마러라고 합의는 통화정책 차원에서 정면 돌파하려 한 시도였다. 그러나 만기 없는 미국채는 글로벌 금융 시스템의 근간인 '무위험자산'으로서의 신뢰를 훼손할 위험이 크다. 미국이 스스로 달러 가치를 인위적으로 조정하고, 국채 시장의 가격 신호를 왜곡하려는 시도는 환율조작국이라는 딱지를 미국 스스로에게 붙이는 셈이라는 비판도 제기되었다.

이제 미국의 전략은 무역·기술을 넘어서 환율과 통화질서를 재편하려는 '경제안보의 금융화'로 확장되고 있다. 특히 미국의 협상

타깃은 단연 중국이며, 고율 관세는 환율 협상을 유도하기 위한 지 렛대로 쓰려는 것일 수 있다. 그러나 중국은 플라자합의 이후 일본 이 겪은 장기 불황의 교훈을 누구보다 잘 알고 있다. 중국 내부는 중화주의와 주권의식으로 결집해있으며, 미국의 압박에 굴복하지 않겠다는 의지가 더욱 강해졌다.

결국, 마러라고 합의는 트럼프 2기 임기 동안 미중 간 통화 질서 충돌의 정점에 위치할 가능성이 높다. 그리고 그 시작은 사 실 2002년에 나온 최초 USCC 보고서에서 이미 예고되어 있었다. 20여 년 전 미국 의회가 가졌던 문제의식은, 이제 단지 보고서의 권고사항을 넘어 미국의 정책 결정 과정 전체를 관통하는 기조로 자리 잡았다. 이처럼 USCC에서 마러라고 합의까지 이어지는 흐름 은, 미국의 경제안보 전략이 위안화의 부상과 달러의 방어를 중심 으로 얼마나 구조적으로 진화해왔는지를 잘 보여주는 단면이다.

7장

중국의
지구전

중국의
무기

과잉 발행된 미국 국채

달러 패권의 근간을 흔들 수 있는 가장 위험한 변수는 미국의 급증하는 국가 부채다. 미국 의회예산처CBO에 따르면 2024년 말 기준 미국 연방정부의 부채는 34조 달러로, 국내총생산GDP의 125%를 넘어섰다. 이는 2000년 5조 7,000억 달러 수준이었던 국가 부채가 6배 이상 증가한 수치다. 특히 2020년 코로나19 팬데믹 이후 대규모 재정 투입으로 부채는 가파르게 증가했고, 2030년에는 40조 달러를 넘어설 것으로 예상된다. 2025년 한 해에만 재정적자가 1조 9,000억 달러에 이를 것으로 전망된다. 합의된 기준은 없지만 대체로 경제학자들은 GDP 대비 60~80%가 국가 부채의 '안

미국 국가부채 증가 추이

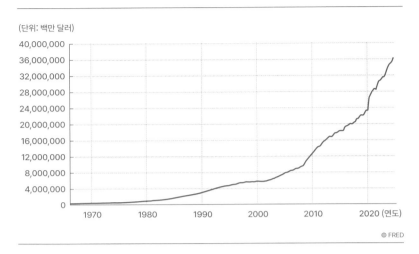

(단위: 백만 달러)

© FRED

미국의 국가 부채는 급증하는 추세다. 높은 국가 부채 수준, 무역수지와 재정수지가 모두 적자인 '쌍둥이 적자' 구조는 장기적 재정 지속가능성에 대한 우려를 자아낸다. 미국과 미 국채에 관한 신뢰 저하는 금융 불안정이라는 위험 부담을 안고 있다.

전한' 또는 '적정' 수준이라고 보았다. 이 기준으로 보면, 미국의 현재 부채 수준은 적정 수준을 약 40~60%포인트 초과한 상태다.

10년 만기 미국 국채 금리는 2020년 코로나19 팬데믹 초기에 역대 최저 수준인 0.5% 근처까지 하락했으나 2021년 후반부터 인플레이션 압력이 높아지면서 상승하기 시작했고 2022년에는 연준의 공격적인 금리 인상과 인플레이션 대응으로 급격히 올랐다. 2022년 말부터 2023년 말까지 10년 만기 국채 금리는 3.5%~5%까지 올랐는데 이는 2007~2008년 금융위기 이후 가장 높은 수준이었다. 2024년에 들어서는 연준의 금리 인하 기대와 인플레이션 압력 완화로 다소 하락했지만, 여전히 팬데믹 이전과 비교하면 상당히 높은 수준(약 3.5~4.5%)을 유지하고 있다. 이렇게 높은 금리 환경은 미국 정부의 국채 발행 비용을 크게 증가시키고 있으며 이는 다시 재정적자에 직접적인 영향을 미친다.

이와 동시에 미국의 대외 부문에서도 구조적인 취약성이 드러나고 있다. 2024년 무역수지 적자가 9,184억 달러로 사상 최대를 기록했으며, 그중 중국과의 무역적자 규모는 2,954억 달러에 달했다. 미국은 오랜 기간 무역수지와 재정수지가 모두 적자인 '쌍둥이 적자twin deficits' 구조를 지속해왔다. 미국이 오랜 무역적자를 견딜 수 있는 것도 달러가 기축통화로 기능하기 때문이다. 미국이 재정지출을 통해 시장에 달러를 공급하면, 무역 흑자로 달러를 벌어들인 외국은 그 달러를 미국 국채나 금융자산으로 되돌려 매입하는 순환 구조가 형성된다. 이 구조 속에서 미국은 무역적자와 재정적자를 동시에 유지할 수 있었고, 글로벌 시장은 풍부한 달러 유동성을 바탕으로 안정성을 유지해왔다.

이러한 달러 순환 체계의 중심에 있는 것이 미국 국채다. 미국 국채는 전 세계 중앙은행, 연기금, 금융기관들이 외환보유액과 담보 자산으로 보유하는 대표적인 무위험 자산이며, 동시에 국제 금융시장에서 금리의 기준이 된다. 이런 중요성에도 불구하고, 미국의 국가신용평가는 최근 하락 추세를 보였다. 2011년 스탠다드앤 푸어스Standard&Poor's가 미국의 신용등급을 최고 등급인 AAA에서

AA+로 처음 강등했으며, 2023년에는 피치Fitch도 미국의 신용등급을 AAA에서 AA+로 하향 조정했는데 이는 높은 국가 부채 수준, 지속적인 재정적자, 그리고 장기적 재정 지속가능성에 대한 우려가 원인이었다. 또한 글로벌 신용평가사 중에서 유일하게 미국의 신용등급을 Aaa로 유지해온 무디스가 2025년 5월 Aa1으로 낮췄다. 이에 따라 미국은 최고 등급인 트리플 A에서 한 단계 낮은 나라가 되었다. 무디스는 재정적자 확대와 국가 부채 증가, 이에 따른 이자 부담을 등급 하향 사유로 들고, 무엇보다도 연방정부와 의회가 재정 건전성을 회복하기 위한 실질적인 조치를 하지 않고 있다는 점을 지적했다.

결국 미국 국채와 달러는 상호의존적이며, 둘 중 하나에 대한 신뢰 저하는 달러 패권 체제 전체를 뒤흔들 수 있다. 물론 미국이 국채 상환이나 이자 지급을 연기할 가능성은 기술적으로는 존재하지만 실질적으로는 매우 낮다. 달러의 기축통화 지위, 미국의 경제 규모, 글로벌 금융에서의 중요성 그리고 역사적 신뢰도 때문이다. 그러나 국채에 대한 신뢰가 한 번 흔들리면, 달러 수요가 줄어들고 달러 가치는 하락을 면치 못할 것이다. 2025년 상반기에 트럼프 대통령이 관세 폭탄을 쏟아내고 후속 협상을 하는 과정에서 달러 가치가 급락한 것은 예삿일이 아니다. 유로화와 엔화, 스위스 프랑 등이 상대적으로 강세를 보이고, 금 수요가 늘어난 것은 시장 참가자들이 달러 대체 수단을 찾아 나섰기 때문으로 풀이된다. 미국 국채가 흔들리면 글로벌 금융시장이 불안정해지고, 자산 포트폴리오의 재조정 움직임으로 이어져 글로벌 자금이 금이나 다른 통화로 이동하게 할 것이다.

미국 국채를 가장 많이 사들인 나라

중국은 오랫동안 세계 최대의 미국채 보유국 중 하나였다. 하지만 미국 재무부 통계에 따르면 2025년 2월 기준 중국의 미국채 보유액은 7,590억 달러로 2009년 이후 최저 수준으로 줄어들었다. 이는 2011년 정점인 1조 3,150억 달러에서 약 5,500억 달러나 줄어

미국 국채 보유국 TOP 10

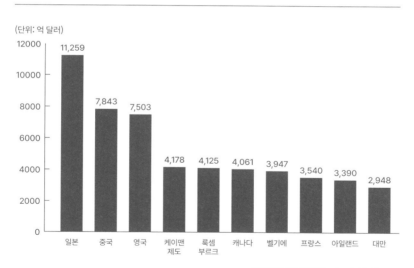

(단위: 억 달러)

2025년 2월 기준, © U.S. Department of the Treasury

든 것이다. 2019년 이후 중국은 미국채 보유 1위 자리를 일본에 내주었고, 외환보유액 중 달러 자산 비중을 의도적으로 줄여왔다. 이는 러시아가 서방 제재로 외환보유액을 동결당한 사례에서 교훈을 얻어, 미국의 금융제재에 대비한 일종의 리스크 분산 전략이다.

금융 측면에서 중국이 사용할 수 있는 가장 강력한 무기 중 하나는 미국채의 대량 매도다. 특히 미국 연준이 금리 인하 기조를 유지하는 상황에서 대량 매도는 국채 가격 하락과 동시에 국채 금리 상승으로 이어지고 이는 다시 시장금리 상승 압력으로 작용해, 결과적으로 미국의 통화정책에 혼선을 줄 수 있다. 현재 미국의 국가 부채는 GDP 대비 120%를 넘어섰고, 국채 이자 부담은 국방비를 넘어섰다. 일반적으로 국가 부채가 많거나 재정 악화가 예상될 때, 시장은 투자 리스크 보상 차원에서 이자율을 높일 것을 요구한다. 국채 수익률이 높아지면 정부의 이자 부담이 급증하고, 이는 정부 재정에 압박을 줄 수 있다. 미국도 예외는 아니다.

하지만 중국이 보유한 미국채를 대량으로 매도하는 것은 중국 경제에도 상당한 부메랑 효과를 초래할 수 있다. 막대한 규모의 미국채가 시장에 한꺼번에 풀릴 경우 채권 가격은 급락하고, 이에 따라 수익률이 급등한다. 이 과정에서 중국은 자신이 보유한 미국채 자산의 평가 손실을 피할 수 없으며, 이는 외환보유액의 가치 하락으로 이어진다. 또한 미국 금융시장에 혼란을 유도하려는 의도가 오히려 국제 투자자들의 불안감을 자극해 세계 금융시장의 불확실성을 키울 수 있으며, 이는 중국 내 자본 유출이나 외환시장 불안

중국의 미국 국채 보유 추이

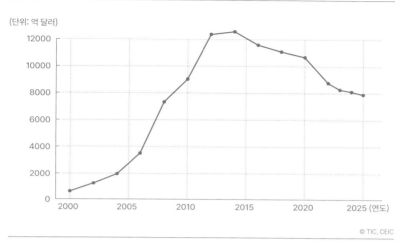

(단위: 억 달러)

© TIC, CEIC

중국의 미국 국채 보유액은 2013년에 1조 3,000억 달러로 정점을 찍은 뒤 점진적으로 감소하고 있다. 2025년 2월에는 약 7,843억 달러로 떨어졌다.

정이라는 역풍을 불러올 가능성도 있다.

더욱이, 매도된 자산을 금이나 원자재 혹은 기타 통화 자산으로 전환하는 과정에는 높은 비용과 유동성 문제, 그리고 안정성 저하라는 부담이 따른다. 금과 같은 자산은 단기적 안전판이 될 수 있으나, 규모의 한계가 있으며 수익성이나 환금성 측면에서 국채보다 못하다. 즉, 대체 자산으로의 이동은 전략적 다변화에는 기여할 수 있지만, 미국채를 대체할 만큼 충분하고 안정적인 투자처는 아직 부족한 상황이다.

이러한 이유로 중국은 미국채 매도보다는 장기적인 구조 개편을 선호하고 있다. 중국의 위안화 전략은 단기적 충격 유발보다는 점진적인 탈달러화에 초점을 맞추고 있다. 브릭스 국가들과의 무역에서 위안화 및 자국 통화 결제를 점차 확대하고 있으며, 외환보유 포트폴리오에서도 달러 자산 비중을 서서히 축소하는 방향으로 움직이고 있다. 실제로 위안화의 국경 간 결제 비중은 여전히 낮지만 꾸준히 증가 추세에 있고, 이는 장기적으로 미국채 등 달러 표시 자산 보유 비중을 줄일 수 있는 기반을 제공하고 있다.

물론, 미중 간 전략 경쟁이 더욱 격화되거나 금융제재 등 극단적인 조치가 현실화될 경우, 중국이 미국채를 미국을 상대로 한 협상용 무기로 활용할 가능성도 완전히 배제할 수는 없다. 그러나 이는 중국 스스로도 감내하기 어려운 파급 효과를 동반할 수 있는 '최후의 수단'이 될 것이고, 실질적인 대응보다는 경고적 메시지나 심리적 압박의 수단이 될 것이다.

'차이나 플러스 원', 역발상 전략으로 돌파

미중 관계가 악화일로를 걷고 있음에도 불구하고, 여전히 다수의 미국 기업들이 중국 시장에서 사업을 이어가고 있다. 대표적으로 애플, 테슬라, 마이크로소프트, 스타벅스, 제너럴모터스GM 등이 그 예다. 중국은 고속 성장과 방대한 소비시장을 무기로 외국 기업들을 유치해왔고, 전기전자, 철강, 자동차 등 주요 산업 분야에서 많은 미국 기업들이 주로 합작 형태로 진출해 시장 점유율을 확대해

미중 화폐전쟁

왔다. 하지만 시간이 지나며 중국 기업들의 경쟁력과 자본력이 커지면서 점차 시장의 주도권은 중국 쪽으로 넘어갔다. SNS에서 중화주의가 부각되고 소득 수준이 높아지면서 국산 제품 선호 현상도 뚜렷해졌다. 중국 기업이 전기차, 배터리, 드론, 로봇 분야에서 세계 1위를 넘보고 있고, 스마트폰·가전·자동차 등 내구소비재 분야에서도 중국산 제품이 상위권에 포진하게 되었다.

중국 시장은 더 이상 '14억 인구의 무한한 기회의 땅'이 아니다. 현지 브랜드와의 치열한 경쟁, 정책 리스크, 규제 환경 변화에 직면해야 하는 고위험 시장으로 변모했다. 기존에 진출한 미국 기업들도 가격 경쟁력에서 밀리거나 중국 소비자들의 선호 변화에 적응하지 못해 철수하는 경우가 많다. GM이나 스타벅스는 현지 브랜드에 밀려 고전 중이고, 애플·인텔·엔비디아·퀄컴 등은 인도·베트남·인도네시아로의 생산기지 이전을 추진하거나 이미 실행 중이다. 제조기지를 인도나 베트남, 말레이시아 등 동남아 국가로 이전하는 것인데, 대표적으로 애플이 인도에서 아이폰을 생산하고 있고 삼성전자가 중국 공장을 축소하고 베트남과 인도로 생산기지를 옮겼다. 하지만 완전한 철수보다는 '차이나 플러스 원China Plus One' 전략을 통해 중국 내 시장은 유지하면서 공급망을 다변화하는 방향으로 전환하고 있다.

그런데 최근에는 역설적으로 중국 기업들조차 이 전략을 채택하고 있다. 미국과의 기술 갈등, 지정학적 리스크, 생산비 상승, 그리고 자국 정부의 통제 강화 같은 복합적인 요인이 이러한 변화의 배경이다. 대표적인 예로 중국 전기차 기업 비야디BYD는 태국과 베트남에 조립 공장을 세웠고, 배터리 기업 CATL은 유럽 수출을 위해 헝가리 공장을 건설 중이다. 샤오미, 화웨이, 알리바바, 텐센트 등도 차이나 플러스 원 전략을 펼치고 있다. 미국의 제재를 우회하고, 자국 내 정책 변화에 대비하며, 글로벌 파트너십을 유지하기 위한 필수 전략으로 차이나 플러스 원이 확산되고 있는 것이다. 이제 이 전략은 세계 각국의 정치·경제 리스크를 고려한 복합적 생존 방식으로 자리 잡고 있다.

달러 무기화에 맞서는 희토류 무기화

"중동에는 석유가 있고, 중국에는 희토류가 있다." 1987년 덩샤오핑이 한 말이 오늘날 널리 회자되고 있다. 희토류의 중요성을 모르는 이는 이제 거의 없다. 스마트폰, 전기차, 풍력 터빈, 반도체 등 첨단산업에 필수적인 희귀 금속, 희토류는 미중 경제전쟁의 최전선에서 가장 주목받는 자원이자 중국이 쥐고 있는 가장 강력한 협상 카드다. 실제로 트럼프 대통령의 초강력 관세 공세에 맞서 시진핑 주석은 '대미 희토류 수출 금지'라는 초강수를 거론하며 맞불을 놓다.

희토류가 주목받은 또 다른 계기는 트럼프가 우크라이나에 '광물 협정'을 요구한 데 있다. 이 협정은 미국이 미개발 광물 자원의 공동 개발을 주도하겠다는 의도로, 우크라이나에 대량 매장된 희토류와 석유·가스가 핵심 대상이다.

트럼프가 희토류에 관심을 가진 것은 처음이 아니다. 첫 임기 때인 2017년 미국의 전략 광물 공급망을 확보하는 내용의 행정명령을 내렸다. 이어서 2020년에 중국의 희토류 시장 지배를 견제하는 행정명령을 추가로 발표했다. 글로벌 희토류 시장에서 중국을 콕 집어 겨냥한 것이다.

희토류는 중국, 브라질, 인도, 호주 등 여러 나라에 매장돼있다. 미국도 매장량 자체는 적지 않다. 그러나 희토류의 핵심 문제는 채굴의 높은 난이도와 정제 비용이다. 희토류는 화학적으로 성질이 매우 유사한 원소들이 섞여 있기 때문에, 이를 산업에 쓸 수 있는 순도로 분리·정제하는 데는 오랜 시간과 막대한 비용이 든다. 특히 정제 과정에서 방사성 원소가 함께 나올 수 있어 방사성 폐기물 처리 비용까지 더해진다.

국제에너지기구IEA에 따르면, 중국은 지난 30여 년간 희토류 정제·가공 산업에 집중 투자해왔고, 현재 전 세계 정제·가공의 약 90%를 담당한다. 다시 말해, 다른 나라에서 채굴된 원광석조차 최종적으로는 중국으로 보내 정제해야 하는 구조다. 서방 기업들이 희토류 투자를 꺼린 이유는 환경 규제가 까다롭고, 시장 규모에 비해 수익성이 높지 않았기 때문이다. 반면 중국은 제조업 성장 과정에서 안정적 공급을 위해 적극적으로 산업 기반을 키웠다.

중국은 이미 여러 차례 희토류를 외교·통상 협상의 무기로 사용해왔다. 대표적 사례가 2010년 센카쿠열도(중국명 다오위다오) 분쟁이다. 일본 해안경비대가 중국 어선을 나포하고 선장을 체포하자, 중국은 일본으로의 희토류 수출을 전면 중단했다. 이로 인해 희토류 가격이 급등하고 일본 전자·전기 산업이 큰 타격을 입자, 결국 일본은 중국인 선장을 석방했다.

2023년 7월, 중국 정부가 반도체 제조에 필수적인 갈륨과 게르마늄의 수출 제한 조치를 발표했다. 이어 희토류 가공·정제 기술의 해외 이전도 통제했으며, 2024년 2월에는 전기차·풍력터빈 등에 필요한 첨단기술의 수출 제한까지 단행했다. 이는 단순한 원자재 공급을 넘어 숙련 엔지니어와 핵심 장비까지 해외 이전을 막음으로써, 글로벌 핵심 광물 공급망에서 중국의 중심적 위치를 유지하겠다는 전략적 메시지로 해석된다.

중국의 '희토류 무기화'에 맞서 미국도 다각적인 대응에 나섰다. 캘리포니아의 마운틴 패스 광산을 재가동하고, 캐나다·호주 등 자원 부국과 협력을 강화했다. 호주와 손잡고 희토류 공급을 늘리는 한편, 전자 폐기물에서 희토류를 추출하는 재활용 기술도 개발 중이다. 그러나 채굴과 정제 시설을 갖추고 산업용 순도의 자재를 안정적으로 생산하려면 오랜 준비 기간이 필요하다. 유럽도 희토류 자급을 위해 자체 생산·정제 인프라를 추진하고 있지만, 실질적 성과가 나오기까지 전문가들은 최소 10년 이상 걸릴 것으로 본다.

희토류의 대중국 의존도를 낮추기 위해 트럼프가 꺼낸 묘수가 우크라이나와 그린란드라면, 앞으로 실제 활용에 이르기까지의 시간을 어떻게 버텨내느냐는 미중전쟁의 또 다른 관전 포인트가 될 것이다.

중국의
모순과 도전

정부가 통제하는 환율

중국의 외환시장은 사실상 정부가 강하게 통제하고 있다. 그렇다고 고정환율제라고 말하기도 어렵다. 중국의 '관리변동환율제'는 단순한 고정환율도, 자유롭게 시장에 맡긴 변동환율도 아닌 중간 형태의 환율 제도를 말한다. 즉, 위안화의 환율을 어느 정도 시장에 맡기면서도, 정부(특히 인민은행)가 중요한 통제권을 유지하는 시스템이다.

이 제도하에서 중국인민은행은 매일 기준환율을 공표하고, 외환시장에서의 환율은 상하 2% 범위 내에서 움직이도록 관리한다. 정부는 환율 변동이 과도할 경우 외환보유액을 활용해 달러를 매수하거나 매도하는 방식으로 시장에 개입한다. 기준환율은 지난 거래일 시장에서 형성된 환율과 주요 통화바스켓 변동을 반영해서 결정된다. 특히 중국인민은행은 정부 부처 중 하나로 주요국 중앙은행과는 다르다. 통화정책의 독립성보다는 경제 정책 지원에 초점이 맞춰져 있다.

중국은 개혁개방 초기 고정환율제를 거쳐 1988년 공식환율과 시장환율이 서로 다르게 적용되는 이중환율제를 실시했다. 1994년 시장환율을 기준으로 단일환율제로 전환해 2005년까지 1달러당 8.28위안으로 사실상 고정환율제를 실시했다. 2005년에 통화바스켓에 연동되는 관리변동환율제를 도입했으나 2008년 글로벌 금융위기 때 다시 고정환율제로 복귀했다. 2010년 이후 다시 관리변동환율제를 도입했고, 환율변동폭을 상하 0.50%에서 2.0%까지 확대해왔다. 이렇듯 지금까지 중국은 경제 위기 상황을 맞거나 경기 부양책이 필요하다면 적극적으로 환율 제도나 정책을 조정해서 대응해왔다.

관리변동환율제는 중국뿐 아니라 인도 러시아, 필리핀, 말레이시아 등 여러 신흥국에서 채택하고 있는 제도다. 오로지 시장 원칙만으로 환율을 운용하기엔 외환시장 변동성이 크고, 고정환율제는 경제환경 변화에 유연하게 대응하기 어렵기 때문이다. 원칙적으로는 시장에 환율 결정을 맡겨두지만, 필요시 중앙은행이 시장 안정화 조치를 취할 수 있는 시스템이라고 할 수 있다.

이런 시스템하에서는 정부 당국의 개입으로 환율이 어느 정도

조정이 가능하므로 외국의 관세 인상으로 인해 수출이 타격을 입을 경우, 인위적으로 위안화 평가절하를 통해 그 손실을 상쇄하는 전략을 구사할 수 있다. 이것이 바로 트럼프 1기 행정부 때 미국이 중국을 환율조작국으로 지정한 배경이다. 미국 재무부는 2019년 8월 중국을 환율조작국으로 공식 지정했는데, 당시 미국은 중국이 의도적으로 위안화 가치를 낮춰 불공정한 무역 이익을 취했다고 비난했다. 특히 미중 무역전쟁 과정에서 중국이 위안화 가치를 달러당 7위안 이하로 평가절하한 것이 직접적인 계기가 되었다. 그러나 2020년 1월 미중 1단계 무역합의가 이루어지면서 미국은 중국의 환율조작국 지정을 해제했다. 이 합의에는 환율 정책의 투명성을 높이고 경쟁적 평가절하를 자제하겠다는 중국의 약속이 포함됐다.

위안화 평가절하를 통해서 미국의 관세전쟁에 맞대응하는 것은 환율조작국 지정이라는 불이익 외에도 많은 한계를 안고 있다. 중국에 자충수가 될 수 있는데, 국제 사회의 신뢰가 낮아지고, 위안화를 외환보유액으로 보유한 국가들에 평가손실이 발생할 수 있기 때문이다. 일대일로 프로젝트나 AIIB, NDB를 통한 위안화 대출도 환율 리스크에 노출되어 실질 가치 하락을 면할 수 없게 된다. 더불어 위안화 절하가 외국인 자본의 유출이나 외화 도피를 자극할 수 있다는 점에서, 중국 내부의 금융 안정성에도 악영향을 미칠 수 있다. 이처럼 환율 조정은 단기적 효과는 있을 수 있으나, 위안화 국제화라는 장기 전략에는 상충되는 면이 많다.

피크차이나 논란

미중 무역전쟁의 격화는 제조업 중심의 수출 주도 성장모델을 유지해온 중국 경제에 중대한 도전이 되고 있다. 트럼프 대통령은 대선 과정에서 중국산 제품에 60% 관세 부과를 공언했고, 실제로 고율의 관세를 부과하며 압박 수위를 높였다. 만약 60% 전면 관세가 현실화된다면, 중국은 맞대응할 마땅한 수단이 부족한 상황이다. 현재는 농산물과 소비재 중심으로 대응하고 있으나, 무역전쟁이 장기화되면 중국 기업들의 타격은 불가피하다.

무역보다 더 직접적인 충격은 미국의 기술 통제와 제재다. 미국은 인공지능 개발에 필수적인 반도체 수출을 금지하고, 핵심 장비인 ASML의 노광장비 공급까지 차단하며 중국의 첨단기술 산업을 압박하고 있다. 이러한 조치는 중국의 기술 자립을 가속화시킬 수 있다는 주장도 있으나, 단기적으로는 핵심 기술 확보에 심각한 제약으로 작용하고 있다.

중국은 내부적으로는 과잉 생산, 과잉 부채, 과잉 건설이라는 구조적 문제가 심화되고 있다. 정부는 제조업 중심의 수출 확대에 정책적 우선을 두었고, 팬데믹 기간에는 제로코로나 정책으로 과도한 억제를 실시했다. 이후 리오프닝 회복 기대가 무산되자, 생산된 물량이 국내 수요를 넘어서면서 초과 물량을 해외로 밀어내는 방식으로 대응하고 있다. 이로 인해 미국과 유럽은 물론, 신흥국들 사이에서도 공급 과잉에 따른 반발이 커지고 있다.

경제 전반에 걸쳐 구조적 둔화 조짐이 뚜렷해지고 있다. 소비자물가 상승률은 0%대에 머무르고 있으며, 부동산 경기 침체가 내수 위축과 맞물려 회복의 발목을 잡고 있다. 이로 인해 중국이 일본처럼 '잃어버린 10년'에 진입할 수 있다는 경고가 나왔다. 1990년대 일본은 부동산 가격 폭락과 디플레이션 장기화로 장기 침체에 빠졌으며, 2024년 3월에서야 17년 만에 금리를 플러스로 전환했다. 중국이 이와 유사한 궤적을 밟을 가능성에 대한 우려가 커지고 있다.

여기에 인구 구조의 악화도 심각한 위협 요인이다. 2023년 기준, 중국은 인도에 세계 최대 인구국 자리를 내주었고, 출산율은 1.05명으로 역대 최저를 기록했다. 인구 감소와 고령화는 성장 잠재력을 갉아먹고, 장기적인 사회복지·연금 부담을 가중시킬 것이다. 2021년부터 세 자녀 정책을 도입했지만 효과는 미미하며, 부동산 가격과 양육비 부담으로 젊은층의 결혼과 출산 기피 현상이 만연하다. 저출산, 고령화 등 인구 문제는 한국과 비슷한 여건이다. 게다가 청년실업률은 고공행진 중이며, 빈부격차, 도농격차, 해안과 내륙 간의 지역 격차도 구조적으로 고착화되어 있다. 이러한 불균형은 사회적 불만으로 비화될 수 있다.

물론 중국은 여전히 전기차, 배터리, 드론, 인공지능 등의 분야에서 경쟁력을 보유하고 있으며, 개발도상국으로서 노동시장과 내수시장 확대 가능성도 존재한다. 1990년대 이후 위기를 극복한 경험과 재정 건전성, 정책 유연성도 강점으로 꼽힌다. 하지만 복합적 구조 문제와 지정학적 압박, 인구 절벽이 중첩되며 중국 경제가 성장의 정점(피크차이나)을 지났을 가능성이 본격적으로 제기되고 있다. 더구나 시진핑 3기 들어 권위주의적 통치가 강화되면서 정책 일관성이 경직성으로 뒤바뀌는 부작용이 나오고 있다. 오랫동안 '중국 특색의 사회주의적 시장경제'라는 슬로건으로 경제 성장을 이끌어왔으나 이제는 '시진핑 신시대 중국 특색의 사회주의 사상'으로 교체되었다. 시장경제 대신에 사회주의 이념이 전면으로 등장하는 변화를 보여준다.

시장의 자율성보다는 정책의 안정성으로, 게릴라 전술

중국 자본시장도 마찬가지로 통제되고 있다. 중국 국민은 연간 5만 달러 이상 해외로 송금하려면 정부의 승인을 받아야 하며, 기업이 해외 기업을 인수하거나 부동산을 매입할 때도 사전 심사가 필요하다. 외국인이 중국 주식이나 채권에 투자하는 데도 제한이 있고, 중국인이 해외 자산에 투자하는 것도 마찬가지로 규제를 받는다. 중국 기업이 미국 뉴욕증시에 상장하기 위해서는 정부의 승인이 필요하며, 특히 기술기업의 경우 그 심사가 매우 엄격하다.

이러한 자본·외환 통제는 금융시장의 안정을 위한 장치다. 완전한 시장 개방은 급격한 자본 유출입으로 금융시장의 변동성을 키우고, 위안화 급등 또는 급락이 수출 주도형 경제에 부정적 영향을 미칠 수 있다. 실제로 2015년 위안화 가치가 절하되자 중국에서 약 1조 달러 규모의 자본 유출이 발생하면서 금융시장에 큰 충격을 준 바 있다. 이러한 경험은 중국 정부가 외환시장과 자본시장 개방에 대해 신중한 태도를 유지하게 만든 중요한 배경이 되었다.

하지만 이러한 정책은 동시에 위안화 국제화 전략과 충돌한다. 자본통제와 외환시장 개입은 외국인 투자자들에게 불리한 환경을 조성하고, 중국 금융시장의 투명성과 신뢰도를 떨어뜨리는 요인이다. 외국 기업들이 중국 시장에서 벌어들인 수익을 본국으로 송금하기 어려워지고, 이는 중국에 대한 신규 투자 결정에도 영향을 미칠 수 있다. 또한 환율이 시장 논리에 따라 자유롭게 형성되지 않는다는 점도 위안화의 한계로 지적된다. 미국 달러, 유로, 엔화, 파운드 등 주요 통화는 자유롭게 거래되며 자본 이동도 자유로운 반면, 위안화는 제도적으로 폐쇄적이어서 글로벌 금융시장에서는 아직은 비주류 통화에 머무르고 있다.

이러한 구조적 제약 속에서도 중국은 외환시장과 자본시장을 단기간에 전면 개방할 계획은 없다. 오히려 미중 갈등이 격화되는 상황에서 외부 충격에 대비하기 위해 통제를 유지하거나 더욱 강화할 가능성도 있다. 시장의 자율성보다는 정책의 안정성을 중시하는 중국 특유의 국가운영 방식이 반영된 결과다.

결국 중국은 신중하고 점진적인 접근을 택할 수밖에 없다. 지금까지 추진해온 방식대로 국경 간 결제망을 통한 위안화 결제 확대, 아시아인프라투자은행, 신개발은행 등 다자개발은행에서의 위안화 대출 확대, 디지털 위안화 실험 등 미국이 주도해온 기존 경로가 아닌 새로운 경로와 디지털 화폐 등을 활용해 위안화 국제화를 추진할 것이다. 이는 기존 달러 중심 질서를 정면으로 깨기보다는, 주변부터 균열을 내는 '게릴라 전술'에 가깝다. 시장의 즉각적인 신뢰를 얻기 어렵다는 점에서 '거북이걸음' 전략이 불가피하지만, 장기적으로는 달러 패권에 균열을 만들어내 궁극적으로 대안 통화로서의 지위를 차지하려는 지구전을 각오하고 있다.

100년의 마라톤,
시간은 누구의 편인가

오늘날 미국과 중국의 대결은 과거 냉전 체제와는 명백히 다른 양상을 보이고 있다. 미국과 소련 간의 냉전이 철저한 단절 속에서 군사와 이념 중심의 경쟁으로 이어졌다면, 미중 간의 경쟁은 상호 높은 경제적 연계성을 유지하면서도 기술과 안보, 금융 등 전방위로 확산되는 복합적 패권 경쟁이다. 겉으로는 '디커플링Decoupling'을 외치며 독자적으로 움직이려고 하지만, 실제로는 중국 내에서 여전히 아이폰이 판매되고, 상하이의 테슬라 공장에서 전기차가 조립되고 있다. 미국의 월마트에서 유통되는 많은 제품은 '메이드 인 차이나'이거나, 중국 기업이 제3국을 경유해 공급하는 방식으로 우회 수출되었다.

트럼프 행정부는 이러한 구조를 바꾸기 위해 '경제적 분리'를 장기 전략의 핵심에 두고, 중국산 제품에 고율 관세를 부과하고, 중국 기업의 미국 기술 접근을 제한하는 등 압박을 강화했다. 하지만 공급망의 복잡성과 글로벌 시장의 얽힘 속에서 단기간에 완전한 단절은 불가능에 가깝다. 미국의 대형 기술기업 애플, 퀄컴, 인텔 등은 중국 시장에 대한 의존도가 높고, 중국 역시 미국 기술과 소비시장에 대한 수요를 쉽게 끊지 못한다.

그럼에도 불구하고 미중 대결의 본질은 '패권'을 둘러싼 싸움이라는 점에서 충돌의 수위는 점점 높아지고 있다. '한 산에 두 마리 호랑이가 살 수 없다'는 말처럼, 미국과 중국이 동시에 중심축이 되는 구도는 구조적으로 지속되기 어렵다는 인식이 팽배하다. 이는 단순한 경쟁이 아닌, 궁극적으로 누가 세계 질서의 중심을 차지할 것인가를 둘러싼 '세기의 대결'이다.

패권 이동의 완성은 금융 패권을 확보하는 것이다. 미국은 제2차 세계대전 이후 압도적인 경제력을 바탕으로 브레튼우즈 협정을 주도하며 팍스 아메리카나 시대를 열었다. 이 과정에서 달러는 금과 교환 가능한 유일한 법정통화로 공인되었고, 이전의 패권국이었던 영국은 제국의 붕괴와 막대한 전쟁 비용 지출로 국력이 쇠해지면서 파운드가 맡았던 기존의 기축통화 지위를 미국 달러에 내주는 신세가 되었다. 파운드에서 달러로의 공식적인 이전이었다.

현재 미국은 달러 기축통화 체제를 지탱할 수 있는 강력한 경제력과 국방력, 그리고 국제사회의 광범위한 신뢰와 소프트파워를 보유하고 있다. 디지털 경제 시대에서 전 세계를 아우르는 빅테크 기업과 플랫폼은 대부분 미국 기업들이 장악하고 있다. 또 주목할 만한 점은 2001년 중국의 WTO 가입 이후 '세계의 공장'으로 급부상하는 과정에서 유럽과 일본의 GDP 비중은 크게 감소했지만, 미국은 여전히 세계 GDP의 25% 수준을 안정적으로 유지해왔다는 사실이다.

중국 위안화가 가까운 미래에 달러를 대체하여 세계에서 가장 널리 통용되는 기축통화가 될 가능성은 거의 없다고 봐도 무방하다. 그러나 50년, 100년이라는 장기적 관점에서 본다면 여러 가지 변화 가능성을 지켜봐야 한다. 만약 미국이 반복해서 전략적 실수를 범하고, 동맹국과의 관계를 악화시키고, 국제사회의 신뢰를 상실하고, 힘에 의존한 외교, 경제 보복이나 무역전쟁을 통한 통상, 군사력을 동원한 압박으로 스스로 소프트파워를 약화시킨다면, 이러한 요소들이 복합적으로 작용해 달러 패권이 점진적으로 침식되는 일이 일어날 수도 있다. 레이 달리오 또한 저서 《변화하는 세계 질서》에서 미국의 패권이 저물고 중국으로 이동할 것이라고 주장했다. 역사는 영원한 패권이 없음을 보여주었다. 비록 오랜 시간이 소요되겠지만, 위안화가 달러에 견줄 만한 국제 기축통화의 지위에 도달할 가능성을 완전히 배제할 수 없다.

중국은 늘 그래왔듯이 '시간은 우리 편'이라는 입장이다. 그들은 국제 질서의 혼란기가 반드시 자국에 불리하게 작용하지만은 않을 것이라는 관점을 견지하고 있다. 중국 지도부와 중국인들의 집단 기억 속에는 근대 서구 열강이 침략해온 '서세동점西勢東漸'의 시기에 겪은 치욕과 국가적 굴욕이 깊이 새겨져 있다. 위안화의 패권 구축을 향한 여정은 멀고도 험난할 것이며, 궁극적으로 달성하지 못할 수도 있다. 그럼에도 불구하고 중국은 이 목표를 향해 꾸준히 전진할 것이다. 그들이 품은 금융 분야의 '중국몽'과 위안화 패권이 현실이 될 것인지, 아니면 한낱 백일몽으로 끝날 것인지는 결국 시간이 말해줄 것이다.

예측 불가능하고 그만큼 흥미진진한 대결 구도가 우리 앞에 전개되고 있다.

금융 패권으로 이동하는
미중 전쟁

중국 베이징 한복판에 자리 잡은 드넓은 장안대로와 자금성에는 스산한 찬바람이 불고 있었다. 1990년 봄 처음으로 중국 땅을 밟았을 때는 '춘래불사춘春來不似春'이라는 말이 딱 맞아떨어지는 분위기였다. 당시에 1989년 6월의 천안문 사태 이후 아직 팽팽한 긴장감이 감돌았고, 한국과 중국은 수교를 하기 전이었다. 가는 길도 멀고 어려웠다. 빨간 도장이 몇 개나 찍힌 초청장 서류들과 정보기관의 보안교육 수료증을 함께 제출해야만 출국허가를 받을 수 있었고, 오로지 홍콩을 통해서만 중국행 비행기에 오를 수 있었다. 홍콩 입국장에서 여권과 왕복항공권, 서류 더미를 내밀자 손바닥만한 작은 종이에 입국 도장을 찍어주었고, 중국에서 일정을 마치고 홍콩을 통해서 나올 때 출국장에서 그 종이를 반환해서 여권에는 아무런 기록이 남지 않았다.

2025년 봄, 트럼프 대통령과 시진핑의 난타전을 보면 격세지감이 와닿는다. 2018년 미중 무역전쟁은 기술·경제전쟁을 거쳐 세계 패권을 다투는 전면전으로 확대됐다. 30여 년 전 그 중국이 맞는지, 무역 파트너로서 중국과 이익을 공유하던 그 미국이 맞는지 의심스러울 정도로, 이제는 모든 것이 변했다. 우방국과 적대국을 가리지 않고 무차별 관세 폭탄을 퍼붓는 트럼프와 곧바로 되받아치는 시진핑 사이에서 전 세계 많은 나라들이 숨죽이며 지켜보고 있다. 초대형 빅딜을 하게 될지, 끊임없이 지리한 싸움을 이어갈지, 아니면 두 진영으로 나뉘어 신냉전 체제로 접어들지, 너무나 변수가 많아서 앞날을 예측하기 어렵다.

국내에서 중국에 대한 시각은 크게 둘로 나뉜다. 미국과 서방의 관점을 가진 이는 부동산 부실과 권위주의 체제로 인한 '피크 차이나'의 위기 가능성을 높게 본다. 다른 한편으론 개혁개방 이후의 위기 극복 경험을 토대로 중국이 내부 문제와 외부 압박을 견뎌낼 것이라는 내재적 관점이 있다. 필자는 어느 한쪽으로 치우치지 않으려 노력했다.

앞서 썼듯이, 신문기자 시절 10여 일의 첫 해외 출장으로 중국 복건성 샤먼을 거쳐 베이징과 톈진에서 국내 기업의 현지 공장을 두루 방문하는 기회를 가졌다. 당시 샤먼에 현지 공장을 운영하던 중견기업 사장이 중국을 제대로 알아야 한다면서 적극적으로 주선

해주었다. 그 후 비교적 자주 중국에 가서 잠자는 호랑이가 어떻게 깨어나는지 지켜봤다.

오랜 기간 금융 분야에서 일하며 위안화 부상을 연구할 기회가 있어 이 책을 집필하게 됐다. 어려운 작업이었지만 이 시점에서 위안화에 대한 중국의 전략과 의지를 정확하게 알고, 긴 역사의 한 마디에서 이 시대의 글로벌 금융 패권 대결의 현장을 기록한다는 데 의미를 두었다. 더불어 독자들이 금융과 화폐 측면에서 중국을 조금 더 이해하면 좋겠다는 뜻을 담았다.

중국의 위안화를 주제로 책을 쓰는 것은 큰 도전이었다. 중국의 금융제도와 경제 운영 방식은 복잡하고 독특한 측면이 많다. 국내외 전문가들의 저서와 보고서, 그리고 신문기사에서 큰 도움일 받았음을 밝히며, 상세하게 참고 문헌과 자료를 밝히지 않는 점에 양해를 구한다. 혹여 내용에 잘못된 점이 있다면 책임은 전적으로 필자의 몫이다. 아무쪼록 독자들이 이 책을 읽고 한 세대 이상 이어질 미중 금융 패권 전쟁을 이해하고, 한국의 진로를 모색하는 계기가 된다면 더 바랄 게 없다.

미중 화폐전쟁
달러 패권 100년 사이클과 위안화의 도전

초판 1쇄 발행 2025년 5월 30일

지은이 조경엽
펴낸이 성의현
펴낸곳 미래의창

편집 김성옥·이은규
본문 디자인 강혜민

출판 신고 2019년 10월 28일 제2019-000291호
주소 서울시 마포구 잔다리로 62-1 미래의창빌딩(서교동 376-15, 5층)
전화 070-8693-1719 **팩스** 0507-0301-1585
홈페이지 www.miraebook.co.kr
ISBN 979-11-93638-70-5 (03320)

※ 책값은 뒤표지에 표기되어 있습니다.

생각이 글이 되고, 글이 책이 되는 놀라운 경험. 미래의창과 함께라면 가능합니다.
책을 통해 여러분의 생각과 아이디어를 더 많은 사람들과 공유하시기 바랍니다.
투고메일 togo@miraebook.co.kr (홈페이지와 블로그에서 양식을 다운로드하세요)
제휴 및 기타 문의 ask@miraebook.co.kr